ベンチャー企業のための

弁　護　士　大村　健
公認会計士　荒井邦彦

使える会社法

税務経理協会

はしがき

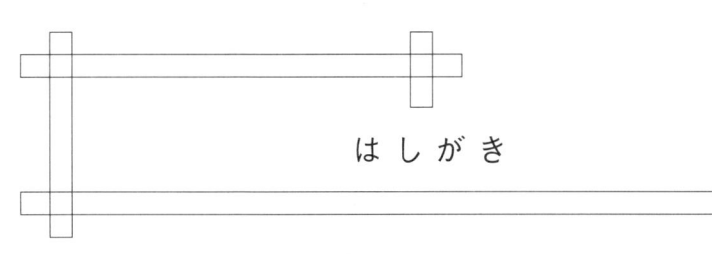

　本書は，一般的なベンチャー企業の株式上場（IPO）前後までの過程における新会社法（平成17年6月29日成立，同年7月26日公布，平成18年5月施行予定）の解説及び実務について書いたものである。

　本書の読者としては，ベンチャー企業の経営者，法務担当者，財務担当者を予定している。

　そのため，わかりやすさを心がけ，実務的にあまり利用されていない制度やベンチャー企業に不必要な制度は大幅にカットしている。その反面，ベンチャー企業として選択の余地のある部分は，どのような観点から選択すべきかを提案させていただいた。そのような部分は，それぞれの会社の個別具体的な事情により異なるので，最終的には専門家に個別相談をして，判断を仰いでほしい。

　今回の改正は，いわば平成商法改正の集大成というべきものであって，これまで毎年のように改正されてきた商法についての勉強を怠ってきた者は，この機会に勉強をした方がよいであろう。

　著者らは，常日頃から，弁護士としての立場，公認会計士／税理士かつM&Aコンサルティング会社の代表取締役という立場から，協同してベンチャー企業の株式上場（IPO）案件を遂行し，ベンチャー企業を始めとする多種多様な会社のM&A案件を遂行し，クライアント企業と一緒に苦楽を共にしてきたいわば「戦友」である。

　本書は，その戦友同士が，互いの執筆部分をクロスチェックして書き上げたものであって，真の意味の「共著」といえる。

　また，本書は，①ターゲットをベンチャー企業に絞っている点，②不必要な部分は大幅にカットしている点，③書式・表・図・具体例等を多用してビジュ

アル的にわかりやすくしている点，④弁護士と公認会計士／税理士との共著である点等から新会社法を解説する類書とは一線を画するものであると自負している。

　本書を執筆するにあたり，弁護士法人かすが総合所属の弁護士及び司法書士，株式会社ストライク所属のスタッフには，貴重な意見をいただいた。特に，弁護士法人かすが総合所属の大越一毅司法書士には，新会社法対応の定款や設立登記申請書等を提供していただき，非常に助かった。この場を借りてお礼を申し上げたい。

　多くのベンチャー企業経営者たちが，本書を読むことによって，株式上場（IPO）をされることを願ってやまない。

　2005年8月

　　　　　　　　　　　　　　　　　　　　　　弁　護　士　**大村　　健**
　　　　　　　　　　　　　　　　　　　公認会計士／税理士　**荒井　邦彦**

目次

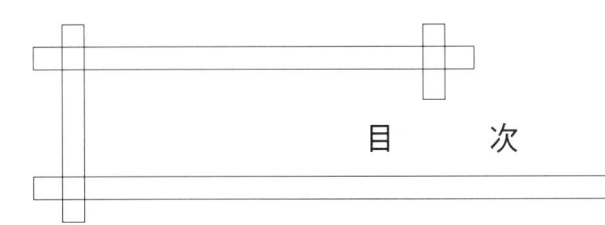

はしがき

序章 はじめに

1 新会社法の創設 …………………………………………………………… 1
2 公開会社と株式譲渡制限会社・大中小会社 …………………………… 2

第1章 会社の設立

1 最低資本金制度の廃止 …………………………………………………… 5
　(1) 旧商法とその問題点 ………………………………………………… 5
　(2) 中小企業の新たな事業活動の促進に関する法律
　　　（旧新事業創設促進法）……………………………………………… 6
　(3) 新 会 社 法 …………………………………………………………… 6
　(4) 確認株式会社・確認有限会社から株式会社・特例有限会社への移行 …… 7
　(5) 発起設立の場合の払込証明 ………………………………………… 8
　(6) 他の株式会社とビジネスする際の注意点 ………………………… 8
2 株式会社・有限会社の統合 ……………………………………………… 8
　(1) 総　　論 ……………………………………………………………… 8
　(2) 既存の有限会社の対応 ……………………………………………… 9
3 株式会社設立の手続 ……………………………………………………… 11
　(1) 発起設立と募集設立 ………………………………………………… 11
　(2) 発起設立の手続 ……………………………………………………… 12
　(3) 設立にかかる費用 …………………………………………………… 13

i

4 定款記載事項	13
(1) 定款の記載事項	13
(2) 類似商号規制の撤廃	14
(3) 発行可能株式総数と設立時発行株式数	16
(4) 会社の公告方法	17
書式：定款　18	
書式：株式会社設立登記申請書　23	

第2章　会社の機関

1 機関設計の多様化	25
(1) 旧商法，旧有限会社及び旧商法特例法下の機関	25
(2) 新会社法の機関設計	27
(3) 機関設計の選択	28
(4) 他の株式会社とビジネスする際の注意点	30
2 株主総会	31
(1) 株主総会の権限	31
(2) 株主総会の招集手続	32
(3) 招集手続が省略できる場合	34
(4) 株主総会の招集地制限の廃止	34
(5) 書面投票制度・電子投票制度の見直し	34
(6) 株主提案権	35
(7) 議決権行使	37
(8) 決　議	38
書式：株主総会議事録　42	
(9) 決議の瑕疵	43
3 株主の権利	43
4 取　締　役	44
(1) 取締役の選任	44

	(2)	社外取締役の活用 ································ 45
	(3)	取締役の資格 ···································· 45
	(4)	取締役の員数 ···································· 47
	(5)	取締役の任期 ···································· 47
	(6)	取締役の解任 ···································· 48
	(7)	業務の執行 ······································ 49
	(8)	取締役の報酬等 ·································· 50
	(9)	競業及び利益相反取引の制限 ···················· 51
	(10)	株式上場（IPO）をする場合の取締役の人選 ········ 52
	(11)	執 行 役 員 ···································· 53

5 取締役を始めとする役員等の責任 ································ 53
- (1) 取締役の会社に対する責任 ································ 53
- (2) 取締役の会社に対する責任の減免 ···················· 55
- (3) 取締役以外の役員及び会計監査人の会社に対する責任 ········ 57
- (4) 株主代表訴訟 ···································· 58
- (5) 役員等の第三者に対する責任 ························ 60

6 取 締 役 会 ································ 60
- (1) 取締役会の設置 ·································· 60
- (2) 取締役会の運営 ·································· 61

　　書式：取締役会議事録　　63

7 会 計 参 与 ································ 64
- (1) 会計参与の創設 ·································· 64
- (2) 会計参与の選解任 ································ 66
- (3) 会計参与の資格 ·································· 66
- (4) 会計参与の任期 ·································· 66
- (5) 会計参与の職務権限 ······························ 67
- (6) 会計参与の報酬等 ································ 67
- (7) 会計参与設置に関する留意事項 ···················· 68

8　監査役 ·· 68
　(1)　監査役の選解任 ··· 68
　(2)　監査役の資格 ·· 69
　(3)　監査役の任期 ·· 69
　(4)　監査役の権限 ·· 70
　(5)　監査役の報酬等 ··· 72
　(6)　監査役会 ··· 73
　(7)　株式上場（IPO）をする場合の監査役 ····························· 74
9　会計監査人 ··· 74
　(1)　会計監査人の設置 ·· 74
　(2)　会計監査人の選解任 ··· 76
　(3)　会計監査人の資格 ·· 77
　(4)　会計監査人の任期 ·· 77
　(5)　会計監査人の報酬等 ··· 77

第3章　資金調達

1　増資①（普通株式の新規発行） ·· 79
　(1)　総論 ·· 79
　(2)　株式譲渡制限会社の増資手続 ·· 79
　　書式：株式申込証　　83
　(3)　公開会社の増資手続 ··· 87
　(4)　新株発行の差止請求と新株発行無効の訴え ······················ 87
　(5)　増加資本金の額 ··· 87
　(6)　増資に関するその他の留意事項 ····································· 89
　　書式：有価証券通知書　　90
　(7)　一度に多額の資金調達は考えもの ·································· 91
　(8)　株式上場（IPO）の際の留意事項 ·································· 93

2 増資②（種類株式の発行） 93
- (1) 総 論 93
- (2) 種類株式の株価 94
- (3) 種類株式の内容 95
- (4) 種類株式のデメリット 95

3 社 債 96
- (1) 総 論 96
- (2) 社債の発行手続 96

第4章 株 式

1 株券の不発行が原則に 99
- (1) 総 論 99
- (2) 株券不発行会社になるための手続 100
- (3) 株券発行会社と株券不発行会社の違い 100
- (4) 株式上場会社では強制的に株券不発行会社に 101

2 株式の譲渡 101
- (1) 総 論 101
- (2) 株式の譲渡制限 102
- (3) 株式譲渡制限会社の譲渡承認手続 102

3 取得請求権付株式 105
- (1) 総 論 105
- (2) 取得請求権付株式導入の手続 106
- (3) 取得請求権付株式の取得の請求 106
- (4) 取得請求権付株式制度の廃止 107

4 取得条項付株式 107
- (1) 総 論 107
- (2) 取得条項付株式制度導入の手続 108
- (3) 取得条項付株式の取得の手続 109

5　株式分割，株式の無償割当 ……………………………………… 110
　(1)　総　論 ………………………………………………………… 110
　(2)　株式分割と株式無償割当の比較 …………………………… 112
　(3)　株式分割の手続 ……………………………………………… 112
　(4)　株式無償割当の手続 ………………………………………… 113
　(5)　株式上場（IPO）時の株式数 ……………………………… 113
6　自己株式の取得 …………………………………………………… 114
　(1)　総　論 ………………………………………………………… 114
　(2)　自己株式の取得方法 ………………………………………… 114
7　株主名簿 …………………………………………………………… 115
　(1)　総　論 ………………………………………………………… 115
　(2)　株主名簿の閉鎖制度が廃止に ……………………………… 116
　(3)　基準日の設定 ………………………………………………… 116

第5章　新株予約権

1　資本政策での利用 ………………………………………………… 119
　(1)　総　論 ………………………………………………………… 119
　(2)　創業者の持株比率維持のための活用法 …………………… 119
2　従業員のインセンティブプラン（ストックオプション）での利用 ………………………………………………………………… 122
　(1)　総　論 ………………………………………………………… 122
　(2)　ストックオプションの導入 ………………………………… 122
　(3)　ストックオプションの費用処理 …………………………… 124
　(4)　ストックオプションの設計 ………………………………… 126
　(5)　株式上場前に発行したストックオプションの留意事項 … 127
3　新株予約権の発行手続 …………………………………………… 127
　(1)　総　論 ………………………………………………………… 127
　(2)　新株予約権発行の差止請求及び新株予約権発行無効の訴え … 128

4　新株予約権の無償割当 ……………………………………………… 129
　　5　新株予約権の取得・消却・自己新株予約権 …………………… 130
　　6　組織再編（M&A）時の承継 ………………………………………… 131
　　　(1)　総　論 ……………………………………………………………… 131
　　　(2)　新株予約権買取請求 ……………………………………………… 132
　　　　書式：新株予約権付与契約書　　133

第6章　M&A

1　株式取得 ……………………………………………………………… 137
　(1)　総　論 ……………………………………………………………… 137
　(2)　株式取得の手続 …………………………………………………… 138
　(3)　相手先企業の定款に注意 ………………………………………… 138
　(4)　のれん代（連結調整勘定）の償却マジック …………………… 139
　　書式：株式譲渡契約書　　141
2　事業の譲渡 …………………………………………………………… 142
　(1)　総　論 ……………………………………………………………… 142
　(2)　事業譲渡の手続 …………………………………………………… 145
　(3)　事後設立規制 ……………………………………………………… 148
　　書式：事業譲渡契約書　　149
3　合　併 ………………………………………………………………… 150
　(1)　総　論 ……………………………………………………………… 150
　(2)　合併の手続 ………………………………………………………… 152
　(3)　債務超過会社の吸収合併 ………………………………………… 152
　(4)　反対新株予約権者の株式買取請求権 …………………………… 163
　(5)　新会社法に則った合併スケジュール（株式交換の場合もこれに類似）…… 154
　　書式：合併契約書　　159
4　株式交換 ……………………………………………………………… 160
　(1)　総　論 ……………………………………………………………… 160

(2)　株式交換の手続 ……………………………………………………… 162
　　　書式：株式交換契約書　163
5　株式移転 ………………………………………………………………… 164
　(1)　総　論 ……………………………………………………………… 164
　(2)　株式移転による共同事業化 ……………………………………… 164
6　会社分割 ………………………………………………………………… 166
7　合併等対価の柔軟化 …………………………………………………… 171
　(1)　総　論 ……………………………………………………………… 171
　(2)　合併等対価 ………………………………………………………… 171
　(3)　旧商法の合併手続との違い ……………………………………… 175
　(4)　施行時期 …………………………………………………………… 175
8　略式組織再編行為 ……………………………………………………… 176
　(1)　総　論 ……………………………………………………………… 176
　(2)　略式組織再編行為の差止請求 …………………………………… 177

第7章　上場前にできる敵対的買収防衛策

1　上場前にできる敵対的買収防衛策 …………………………………… 179
　(1)　総　論 ……………………………………………………………… 179
　(2)　「企業価値向上＝敵対的買収防衛策」は大ウソ ……………… 180
2　定款変更だけでできる敵対的買収防衛策 …………………………… 181
　(1)　総　論 ……………………………………………………………… 181
　(2)　取締役解任要件の加重 …………………………………………… 181
　(3)　期差選任 …………………………………………………………… 182
　(4)　員数制限 …………………………………………………………… 182
3　新株予約権を使ったポイズンピル（ライツプラン） ……………… 182
4　株式の内容を利用した敵対的買収防衛策 …………………………… 183
5　従来からあった敵対的買収予防策 …………………………………… 184
6　まとめ …………………………………………………………………… 185

(1)　総　　論 ………………………………………………………………… 185
　(2)　ゴーイングプライベート（株式非公開化）……………………… 186

第8章　そ の 他

1　会社の計算 …………………………………………………………………… 189
　(1)　総　　論 ………………………………………………………………… 189
　(2)　資本の部の係数変動 …………………………………………………… 189
　(3)　作成すべき計算書類 …………………………………………………… 190
　(4)　新会社法による決算スケジュール …………………………………… 190
2　剰余金の分配 ………………………………………………………………… 193
　(1)　総　　論 ………………………………………………………………… 193
　(2)　分配（配当）回数の制限撤廃 ………………………………………… 193
　(3)　配当財産の制限撤廃 …………………………………………………… 194
　(4)　決 定 機 関 ……………………………………………………………… 196
　(5)　剰余金の定義 …………………………………………………………… 197
3　日本版LLC（合同会社）と日本版LLP（有限責任事業組合）……… 198
　(1)　総　　論 ………………………………………………………………… 198
　(2)　パススルー課税 ………………………………………………………… 198
　(3)　損益配分の柔軟化 ……………………………………………………… 200
　(4)　具体的な利用法 ………………………………………………………… 200

序 はじめに

1　新会社法の創設

　会社法が平成17年6月29日に成立し，同年7月26日に公布された。
　これまで商法第二編，有限会社法，株式会社の監査等に関する商法の特例に関する法律等の規定に分かれていた会社法を現代語表記に改めた上で，再編成し，「会社法」という名の法律が創設されたのである。商法の第二編以外の条項は，現代語表記にされた上で，「商法」として残る。
　本書では，この「会社法」のことを新会社法と呼ぶことにする。
　新会社法の創設は，平成5年ころから続いた商法改正のまさに集大成というべきもので，これまで大規模会社向けの商法改正でないがしろにされてきた，株式を上場している会社以外のベンチャー企業や中小企業等の中小規模会社をも念頭に置いた改正であり，特に，起業の増大を促進させる内容となっている点が注目に値する。
　これまで毎年のように続いた商法改正の都度，商法改正の勉強を怠ってしまった経営者や法務担当者も条文構成も変更となったので，新しい法律を勉強

するというリフレッシュした気持ちで今回の改正ばかりは勉強した方がよいであろう。

新会社法の改正内容は，一例をあげても以下のとおり多岐にわたる。
① 最低資本金制度の撤廃
② 有限会社制度の廃止
③ 機関設計の多様化
④ 取締役の責任に関する規定の整備
⑤ 会計参与の創設
⑥ 会計監査人の任意設置範囲の拡大
⑦ 大会社における内部統制システム構築の義務化
⑧ 合併対価の柔軟化
⑨ 定款自治の拡充
⑩ 合同会社（LLC）制度の創設

本書では，証券市場に株式上場（IPO＝initial public offerring）させることを目指す企業をベンチャー企業と定義づけ，そういったベンチャー企業を念頭に置いて，新会社法の解説を試みた。そのため，筆者らはベンチャー企業に関わる「士（さむらい）」として，例えば機関設計の多様化といってもベンチャー企業においては上場審査の関係から機関設計の選択肢が事実上は制限されている等，単なる制度解説に始終するのではなく，新会社法の「現実的な使い方」を解説している。

2 公開会社と株式譲渡制限会社・大中小会社

新会社法は，前述したようにベンチャー企業や中小企業等の中小規模会社をも念頭に置いている。そのため，新会社法では公開会社と非公開会社または株式譲渡制限会社とで別々の制度を定める。

新会社法での公開会社とは，発行する全部または一部の株式の内容として譲渡による株式の取得について株式会社の承認を要する旨の定款の定めを設けて

いない株式会社（新会社法2条5号）のことであり，それ以外の株式会社は，非公開会社や株式譲渡制限会社と呼ばれるが，本書では表現を株式譲渡制限会社に統一している。なお，新会社法上の公開会社か否かの区別と証券市場へ株式を上場している会社か否かの区別とは，別問題であるので注意を要する。公開会社といっても株式上場会社の場合も株式非上場会社の場合もあるが，上場審査との関係で，株式上場会社は，すべて新会社法上の公開会社である。

そもそも旧商法や旧有限会社法の立法者は，大規模の会社は株式会社，中小規模の会社は有限会社として設立されることを考えていたが，「有限」という言葉の響き等の理由から小規模な会社であろうとも株式会社が選択されてきた。ただし，その多くは，株式の譲渡制限会社であった。新会社法は，有限会社と株式会社の一本化に伴い，中小規模の会社を株式譲渡制限会社，大規模の会社を公開会社とすみ分けて規定するに至ったのである。

また，旧商法・旧商法特例法においては，株式会社を大会社・中会社・小会社に分類していたが，新会社法では大会社と中小会社とに分けている。

大会社は，最終事業年度にかかる貸借対照表に資本金として計上した額が5億円以上であるか，負債の部に計上した額の合計額が200億円以上の会社（新会社法2条6号）であって，それ以外の資本金の額が5億円未満かつ負債の額の合計額が200億円未満の会社が中小会社となる。

ベンチャー企業は，株式上場（IPO）段階では，株式を譲渡制限する定款の規定を変更して公開会社にしなければならない。その意味では，株式譲渡制限会社の規定を念頭に置きながら公開会社の規定も検討しておく必要がある。

本書では，時系列的にいえば，一般的なベンチャー企業が株式上場（IPO）する前後までに関わる新会社法の解説を試みるとともに書式・表・図・具体例等を多く用いることによりわかりやすく生きた新会社法実務を体感してもらうことを念頭に置いて書かれている。

そのため，募集設立，変態設立事項，委員会設置会社，株式の質入等は一般的なベンチャー企業ではあまり利用されないため，清算，特別清算等の手続は，ベンチャー企業の株式上場（IPO）に関しては不要であるため，大幅にカット

させていただいた。
　また，書式等は必要最低限度の規定を盛り込んだものを例示させていただいているに過ぎないので，個別具体的な事案のもとで適宜変更して利用して欲しい。

1 会社の設立

1 最低資本金制度の廃止

(1) 旧商法とその問題点

　旧商法においては，株式会社の最低資本金は1,000万円で（旧商法168条ノ4），旧有限会社法においては，有限会社の最低資本金は300万円だった（旧有限会社法9条）。

　このような最低資本金制度が採用されていた理由は，株式会社の株主や有限会社の社員等の出資者は，出資金の範囲内でのみ責任を負う（これを「有限責任」という。これに対し出資の範囲以上に個人財産まで責任が及ぶことを「無限責任」という）ことから，会社債権者を保護する観点から資本金の額に相当する財産を会社債権者のために維持するということにあった。

　しかしながら，会社債権者を保護するのであれば，設立時の出資金の額よりも会社の財産状況等が適切に開示され，現実に会社に財産が留保されていることの方が重要であって，最低資本金制度は必ずしも会社債権者保護に働いてい

たわけではなかった。

　さらに，起業家にとって，1,000万円や300万円という金額は，大金であり，起業の妨げとなっていたのも事実である。

(2) 中小企業の新たな事業活動の促進に関する法律（旧新事業創設促進法）

　そこで，起業促進の観点から，新事業創設促進法（現中小企業の新たな事業活動の促進に関する法律）が平成15年2月1日に施行された。

　この法律により，経済産業大臣から「創業者」であることの確認を受ければ，設立から5年間，最低資本金制度の適用が猶予されるという特例が設けられた（この制度の適用を受けた株式会社を「確認株式会社」といい，有限会社を「確認有限会社」という）。つまり，5年以内に株式会社においては1,000万円，有限会社においては300万円の資本金にすることを条件に，設立段階での資本金の額は0円でなければいくらでもよく，1円でも会社が設立できるようになった。いわゆる「1円起業」である。この制度の適用で，確認株式会社及び確認有限会社は，平成17年8月時点で，すでに2万6,000社も誕生しているという。それによって，新規事業の創出のみならず，雇用の機会も拡大している。

(3) 新会社法

　新会社法においては，さらに進んで，最低資本金制度自体が廃止されることになった。つまり，「1円起業」の制度が永続することになり，5年以内に株式会社においては1,000万円，有限会社においては300万円の資本金にすることの条件もなくなったのである。これは，起業を容易にする，非常に有益かつ重要な改正である。なお，定款認証料や設立登記の登録免許税等の費用は，従来どおり発生するので注意を要する。

　最低資本金制度が廃止になったとはいえ，会社財産に対する会社債権者と株主との利益調整を行うため，新会社法は，会計帳簿の適時性・正確性を義務づ

け（新会社法432条1項），貸借対照表の公告を義務づけ（新会社法440条1項），配当等株主に対する会社財産の払い戻しについて財源規制を課し（新会社法461条），剰余金があっても会社の純資産額が300万円未満の場合は配当できない（新会社法458条）等の歯止めをした。

　資本金が小さいと低い税率が適用されたり，各種税額控除制度で適用を受けられる特例は多く，メリットはある。しかし，実際に1円でよいかどうかは別である。創業当初は赤字になる会社が多いが，資本金の額が小さすぎると赤字で資本金をすぐに食いつぶしてしまって債務超過に陥りやすい。そうなると格好悪いし，金融機関からの借入れもしにくくなる。また，いくら資本金1円で株式会社が設立できるとはいっても，会社の設立には最低でも24万円の費用がかかることを忘れてはいけない（13頁参照）。以上のことを勘案すると，株式上場（IPO）をするつもりで起業するのであれば，資本金は最低でも300万円は欲しいところである。

※　債務超過

(4) 確認株式会社・確認有限会社から株式会社・特例有限会社（9頁参照）への移行

　確認株式会社（確認有限会社）の定款には，「5年以内に資本の額を1,000万円（300万円）とする変更の登記をしない場合は解散する」旨の規定が入れられているから，かかる定款の規定を削除する必要がある。通常の定款変更は，株主総会（社員総会）の特別決議を行う必要があるが，確認会社の解散事由の廃止にかかる変更は，取締役会設置会社では取締役会決議，取締役会非設置会

社では取締役の過半数による決定で行うことができる（会社法の施行に伴う関係法律の整備等に関する法律（以下「整備法」という）448条）。

(5) 発起設立の場合の払込証明

　従来，払込取扱機関が，設立登記が完了するまで，払込資金の引出しに応じてくれず，資金が有効に活用できないという問題があった。

　最低資本金制度の廃止に伴い，払込の証明は，旧商法下の払込取扱機関（銀行等）の払込金保管証明制度を用いることなく銀行預金口座の残高証明等任意の方法で設立手続を行うことができることになった（新商業登記法47条2項5号参照）。また，金融機関にもよるが，保管証明手数料に比べれば残高証明手数料は格段に安い。

　これも起業を容易にする改正である。

(6) 他の株式会社とビジネスする際の注意点

　最低資本金制度の廃止及び払込証明の簡易化に伴い，今度は財政的基盤の脆弱な過小資本の株式会社の乱立や債務負担を回避するための法人格濫用事例が増加するおそれがあるので，取引先株式会社の財務状況の調査がこれまで以上に重要となる。最低限，取引先の登記簿謄本を取って資本金や役員などを確認する程度のことはするべきであろう。可能であれば信用調査会社に依頼するのもよい。

　また，法人格を濫用しているような場合には，積極的に法人格否認の法理を適用するなど判例の積み重ねにより，妥当な解決が図られることを期待する。

2　株式会社・有限会社の統合

(1) 総論

　新会社法では，株式会社と有限会社が統合されて，株式会社一本となる。し

たがって，有限会社法は廃止され，新会社法施行後に有限会社を設立することはできなくなる。

これは「有限」という名称が不人気であることやビジネス上の信用度の違い等を理由に，わが国の中小企業の多くが株式譲渡制限をした株式会社の形態を選択していることを念頭に置いた改正といわれている。

資本金がないために有限会社でしか設立できなかった起業家にとっては，願ってもない改正である。

(2) 既存の有限会社の対応

① 既存の有限会社は，株式会社として存続することになる（整備法2条1項）。すなわち，「有限会社という名称の株式会社」となるのである。これを特例有限会社という。そのような会社は，勝手に「株式会社」と名乗ることはできず，「株式会社」に商号変更もできない。商号は「有限会社」を使用するが，社員は株主となり，持分は株式になり，出資一口は一株になり，資本の総額は資本金になる。

そして，特例有限会社の経営者としては，(a)一定の手続を踏んで，株式会社に移行するのか，(b)「有限会社という名称の株式会社」（特例有限会社）のままでいくのかについて選択に迫られる。

② (a)の株式会社に移行する手続は，以下のとおりである。

新会社法施行後，株主総会を開き，総株主の過半数以上出席で，出席株主の4分の3以上の多数をもって，「有限会社○○」から「株式会社○○」への商号変更（整備法14条3項）

⬇

特例有限会社の解散登記

＋

移行後の株式会社の設立登記（※）

> （※）株式会社としての定款の添付が必要（整備法136条20項）

③ (b)の「有限会社という名称の株式会社」（特例有限会社）のままでいく場合には，特に必要な手続はない。

　どちらがよいのかは，一概にいえないが，新会社法下における特例有限会社と株式会社の重大な違いを以下の表に掲げるので，その違いから判断すべきである。

	特例有限会社	株式会社
役員の任期	任期はない	最長10年（株式譲渡制限会社の場合）
決算公告義務	なし	あり
取締役会の設置	不可	可
株主総会の特別決議	議決権の過半数が出席し，出席議決権の4分の3が賛成	議決権の過半数が出席し，出席議決権の3分の2が賛成
会計監査人の設置	大会社の要件を満たしても設置不可	大会社で設置が必要　中小会社では設置は任意
会計参与の設置	不可	可
株式上場（IPO）	不可能	可能

株式上場（IPO）を目指すベンチャー企業の場合は，株式会社でないと話にならないから株式会社への移行が当然の選択といえる。また，ビジネス上の根拠なき信用度からいっても，株式会社に移行するのがよいと思われる。

しかしながら，上記の特例有限会社と株式会社との比較から特例有限会社のままでいくという企業もあると思われる。従来から負債総額が200億円以上で，商法特例法上の大会社となってしまうため会計監査人の設置を迫られていた会社が，それを回避するため有限会社にする例，有限会社に会社更生法の適用がないために資産流動化取引における特別目的会社として有限会社が利用される例等があったが，そのような会社は特例有限会社のままでいくものと思われる。

3　株式会社設立の手続

(1)　発起設立と募集設立

株式会社を設立する方法としては，組織再編（新設合併，新設分割，株式移転）を除くと，会社設立の企画者である発起人が設立時発行株式の全部を引き受ける方法（発起設立，新会社法25条1項1号）と，発起人が設立時株式を引き受けるほか，設立時発行株式を発起人以外に引き受ける者を募集する方法（募集設立，新会社法25条1項2号）とがある。

実務的に，募集設立が使われることはあまりないし，特にベンチャー企業にとっては発起設立が大半であるため，以下では，発起設立の手続の流れを説明し，その後で個々の改正点について解説する。

(2) 発起設立の手続

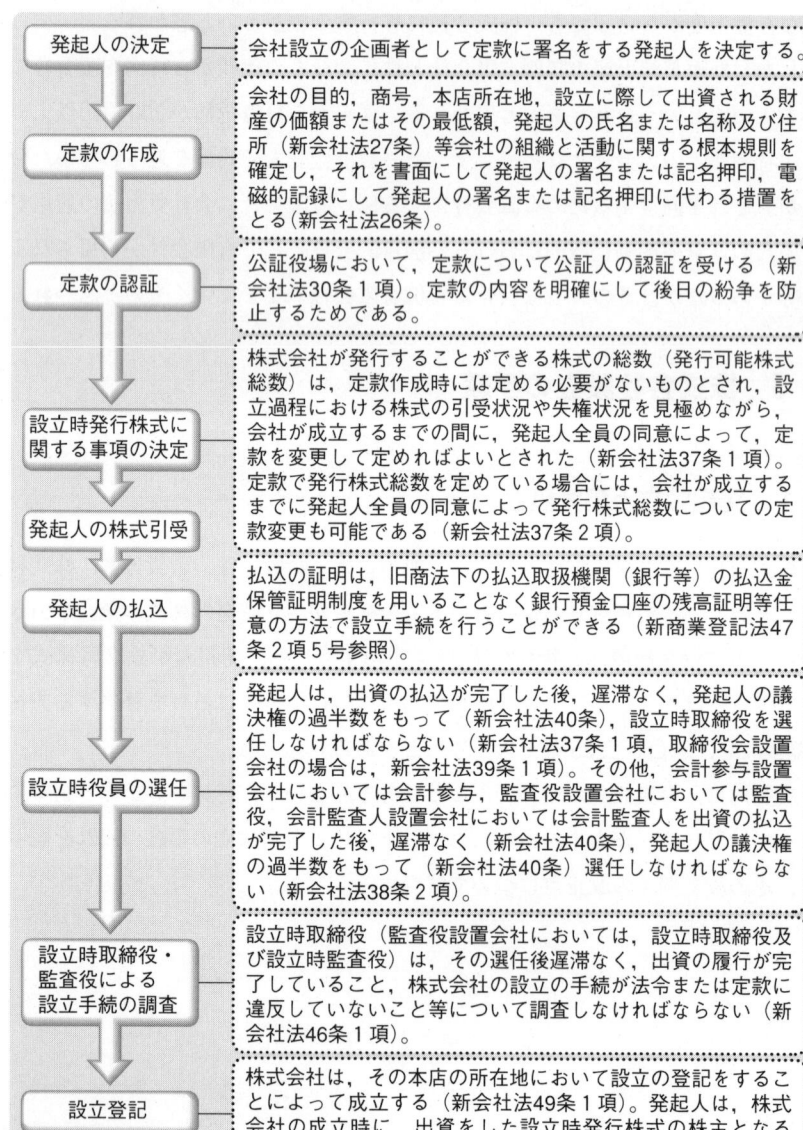

手続	内容
発起人の決定	会社設立の企画者として定款に署名をする発起人を決定する。
定款の作成	会社の目的，商号，本店所在地，設立に際して出資される財産の価額またはその最低額，発起人の氏名または名称及び住所（新会社法27条）等会社の組織と活動に関する根本規則を確定し，それを書面にして発起人の署名または記名押印，電磁的記録にして発起人の署名または記名押印に代わる措置をとる（新会社法26条）。
定款の認証	公証役場において，定款について公証人の認証を受ける（新会社法30条1項）。定款の内容を明確にして後日の紛争を防止するためである。
設立時発行株式に関する事項の決定	株式会社が発行することができる株式の総数（発行可能株式総数）は，定款作成時には定める必要がないものとされ，設立過程における株式の引受状況や失権状況を見極めながら，会社が成立するまでの間に，発起人全員の同意によって，定款を変更して定めればよいとされた（新会社法37条1項）。定款で発行株式総数を定めている場合には，会社が成立するまでに発起人全員の同意によって発行株式総数についての定款変更も可能である（新会社法37条2項）。
発起人の株式引受	
発起人の払込	払込の証明は，旧商法下の払込取扱機関（銀行等）の払込金保管証明制度を用いることなく銀行預金口座の残高証明等任意の方法で設立手続を行うことができる（新商業登記法47条2項5号参照）。
設立時役員の選任	発起人は，出資の払込が完了した後，遅滞なく，発起人の議決権の過半数をもって（新会社法40条），設立時取締役を選任しなければならない（新会社法37条1項，取締役会設置会社の場合は，新会社法39条1項）。その他，会計参与設置会社においては会計参与，監査役設置会社においては監査役，会計監査人設置会社においては会計監査人を出資の払込が完了した後，遅滞なく（新会社法40条），発起人の議決権の過半数をもって（新会社法40条）選任しなければならない（新会社法38条2項）。
設立時取締役・監査役による設立手続の調査	設立時取締役（監査役設置会社においては，設立時取締役及び設立時監査役）は，その選任後遅滞なく，出資の履行が完了していること，株式会社の設立の手続が法令または定款に違反していないこと等について調査しなければならない（新会社法46条1項）。
設立登記	株式会社は，その本店の所在地において設立の登記をすることによって成立する（新会社法49条1項）。発起人は，株式会社の成立時に，出資をした設立時発行株式の株主となる（新会社法50条1項）。

(3) 設立にかかる費用

資本金が1円で設立できるようになったからといって，会社が1円で設立できるわけではない。つまり，定款認証や残高証明手数料，設立の際の登録免許税，さらに設立手続を司法書士などに依頼すれば報酬もかかる。ちなみに最低限かかる費用は以下のとおりである。

内容	支払先等	金額
定款の印紙税	定款に収入印紙を貼付する	4万円
定款認証手数料	公証人役場	5万円
残高証明手数料	金融機関	1,000円前後
設立の登録免許税	登記申請書に収入印紙を貼付する	15万円か資本金の0.7％のいずれか大きい方
合計		24万1,000円以上

4 定款記載事項

(1) 定款の記載事項

旧商法上，定款に必ず記載または記録しなければならない事項（絶対的記載事項）は，次の7つの事項だった（旧商法166条1項）。
① 目的
② 商号
③ 会社が発行する株式の総数
④ 会社の設立に際して発行する株式の総数
⑤ 本店の所在地
⑥ 会社が公告をなす方法

| ⑦ 発起人の氏名及び住所 |

⬇

新会社法上，定款の絶対的記載事項は，次の5つの事項である（新会社法27条）。
① 目　的
② 商　号
③ 本店の所在地
④ 設立に際して出資される財産の価額又はその最低額
⑤ 発起人の氏名又は名称及び住所

　旧商法上の「③　会社が発行する株式の総数」と「⑥　会社が公告をなす方法」が削除され，「④　会社の設立に際して発行する株式の総数」が，新会社法では，「④　設立に際して出資される財産の価額又はその最低額」に変更された。

　その他，新会社法の規定により定款の定めがなければその効力を生じない事項（相対的記載事項。例えば，現物出資や財産引受等の変態設立事項，種類株式に関する事項，取締役の責任の減免に関する事項）およびその他の事項で新会社法の規定に違反せず，新会社法と無関係に定款で定める事項（任意的記載事項。例えば，定時株主総会の招集時期や議長，取締役の人数，営業年度）を記載し，または記録することができる（新会社法29条）。

　以下，注意点・注目点について解説する。

(2) 類似商号規制の撤廃

　旧商法では，他人が登記した商号については，同一市町村内（東京都においては同一特別区内，政令指定都市においては同一区内。以下同じ）において同一の営業のために同一の商号を登記することができなかった（旧商法19条）。さらに，旧商業登記法では，同一市町村内において同一の営業のために他人が

登記した商号と判然区別することができない商号の登記はできなかった（旧商業登記法27条）。

　これらの類似商号規制は，既登記商号について，同一市町村内において同一の商号またはこれに類似する商号が登記されることを防ぐという限度では一定の保護を与えるものであった。

　しかし，同一の営業の判断は，目的の記載で判断するため実際の営業活動と異なる場合もあるし，企業の活動領域が広域化している現在で同一市町村内だけで保護してもどれだけ保護の効果が期待できるか甚だ疑問であった。また，類似商号の調査の煩雑さから起業の妨げとなっていたことも問題であった。さらに，商号の類似性については法務局の登記官の裁量に任せられていて，担当登記官による判断のばらつきがあるなど，設立手続の不確定要素でもあった。

　新会社法では，同一市町村内における同一営業のための類似商号登記に関する規制が廃止された。これにより，起業の妨げ及び迅速な会社設立手続の妨げとなっていた類似商号の調査という煩わしさから開放されることになった。

　ただ，会社は，その所在地と商号によって特定されるため，その登記上の目的や実際の営業内容如何にかかわらず，同一商号・同一住所の会社が複数存在することは適当でないため，同一商号・同一住所の登記はできない（新商業登記法27条）。その意味では，同一本店所在地に同一の商号の会社があるかどうかの調査は必要である。

　また，住所が多少異なれば同一商号・同一営業目的の会社の設立が可能となるので，取引を行うにあたって商業登記簿謄本の提出を求める等して厳格に会社の同一性を確認する必要がある。

　新会社法では，旧商法20条で規定していた不正の競争目的をもって同一または類似の商号使用者に対する使用差止請求や損害賠償請求の規定は削除され，周知または著名な商号を保護する不正競争防止法に委ねられた。

　それに対し，不正の目的をもって他の会社であると誤信させるおそれのある商号の使用禁止の規定及び使用者に対する使用差止請求や損害賠償請求の規定は残された（新会社法8条）。

(3) 発行可能株式総数と設立時発行株式数

「設立に際して出資される財産の価額またはその最低額」は，定款の絶対的記載事項であるが，「会社が発行することができる株式の総数（発行可能株式総数）」は，原始定款の絶対的記載事項ではなくなった（任意的記載事項とされた）。

しかしながら，発行可能株式総数は，登記事項である（新会社法911条3項6号）ので，定款で発行可能株式総数を定めていない場合でも設立登記時までには発起人全員の同意によって定款を変更して発行可能株式総数の定めを設けなければならない（新会社法37条1項）。

設立時発行株式の総数は，発行可能株式総数の4分の1を下ることができないが，株式譲渡制限会社の場合は，このような規制はない（新会社法37条3項）。公開会社においては，旧商法と同様の規制となっている。逆にいうと，ベンチャー企業の場合，株式上場（IPO）をする段階で，株式の譲渡制限を外すことになるから，その段階までに発行済株式総数を発行可能株式総数の4分の1を下らないようにしておかなければならない（新会社法113条3項）。

また，定款で発行可能株式総数を定めている場合には，会社が成立するまでに発起人全員の同意によって発行可能株式総数についての定款変更も可能である（新会社法37条2項）。これは，公証人の認証を受けた定款について会社成立前に変更が禁止されていることの例外である（新会社法30条2項）。

ベンチャー企業の場合，特に問題がないと思われるので，「定款の作成」の段階で定めておくべきである。

なお，新会社法では，「会社の設立に際して発行する株式への総数（設立時発行株式数）」ではなく，「設立に際して出資される財産の価額またはその最低額」と改正された結果，株式を引き受けた者が，出資の履行を行わない場合であっても，定款で定めた出資される財産の最低額以上の出資がなされていれば会社の設立が認められるため，発起人等の引受・担保責任（旧商法192条）はなくなった。

(4) 会社の公告方法

会社の公告方法については，定款の絶対的記載事項ではなくなったが，会社は，公告方法として，次のいずれかの方法を定款で定めることができる（新会社法939条1項）。

① 官報に掲載する方法
② 時事に関する事項を掲載する日刊新聞紙に掲載する方法
③ 電子公告（例えば，自社のウェブサイトなど）

会社が③の電子公告を公告方法とする旨を定める場合には，事故その他やむを得ない事由によって電子公告による公告をすることができない場合の公告方法として，①の官報に掲載する方法か②の時事に関する事項を掲載する日刊新聞紙に掲載する方法のいずれかを定めることができる（新会社法939条3項）。

定款に定めのない会社の公告方法は，官報に掲載する方法とする（新会社法939条4項）。

書式 定款（サンプル）

定　　款
第1章　総　　則
（商　号）
第1条　当会社は，×××株式会社，英文で×××　Corporationと称する①。
（目　的）
第2条　当会社は，次の事業を営むことを目的とする②。
1. ××××××××
2. ××××××××
3. ××××××××
4. 前各号に付帯する一切の業務

（本店の所在地）
第3条　当会社は，本店を東京都●●区におく③。
（公告の方法）
第4条　当会社の公告は，電子公告により行う。ただし，事故その他やむを得ない事由により電子公告によることができないときは，×××新聞に掲載する④。

第2章　株　　式
（発行可能株式総数）
第5条　当会社の発行する株式の総数は，●●●株とする。
（発行する株式の内容）
第6条　当会社の発行する株式は，全て譲渡制限株式とし，当会社の株式を譲渡するには，取締役会の承認を得なければならない⑤。
（株主割当）
第7条　当会社の株式を会社法第202条又は第186条の規定に従い，有償または無償で株主に割り当てる場合には，取締役会の決議で行うことができる。
（株券）
第8条　当会社の株式については，株券を発行しない⑥。
（株主名簿記載請求）
第9条　当会社の株式を取得した者は，その取得した株式の株主として株主名簿に記載（以下，「記録」を含む）された者又はその一般承継人と共同し

て、当該株式に係る株主名簿記載事項を株主名簿に記載することを請求できる。但し、法令の定めるところにより、株式を取得した者が単独請求できる場合にはこの限りではない。
2 前項の請求は、当会社所定の書式による請求書に署名又は記名押印し、かつ当会社所定の手数料を支払わなければならない。

（基準日）
第10条 当会社は、毎事業年度末日最終の株主名簿に記載された株主をもってその事業年度に関する定時株主総会において権利を行使すべき株主とみなす。
2 前項にもかかわらず、毎事業年度末日の翌日から定時株主総会の前日までに、当会社の募集株式を割り当てられ、又は吸収合併若しくは株式交換、吸収分割により株式を割り当てられ株主となった者は、その事業年度に関する定時株主総会において権利行使できるものとする⑦。
3 前2項のほか、株主として権利を行使すべき者を確定するため必要があるときは、あらかじめ公告して基準日を定めることができる。

（株主の住所等の届出）
第11条 当会社の株主又はその法定代理人若しくは代表者は、当会社所定の書式により、その氏名、住所及び印鑑を当会社に届け出なければならない。届出事項に変更を生じたときも、その事項につき、同様とする。

第3章 株 主 総 会

（招　集）
第12条 当会社の定時株主総会は、毎事業年度末日の翌日から3ヶ月以内に招集し、臨時株主総会は、必要に応じて招集する。

（招集手続）
第13条 株主総会を招集するときは、書面又は電子投票を定めた場合を除き、会日から1週間前までにその通知を発する⑧。但し、その株主総会において議決権を有するすべての株主の同意があるときは、招集手続を行わないことができる。

（議　長）
第14条 株主総会の議長は、社長がこれに当たる。社長に事故があるときは、あらかじめ取締役会の定める順序により、他の取締役がこれに代わる。

（決議の方法）
第15条 株主総会の普通決議は、法令又は定款に別段の定めがある場合のほか、出席した株主の議決権の過半数をもって決する⑨。
2 株主総会の特別決議は、総株主の議決権の3分の1以上を有する株主が

出席し，その議決権の3分の2以上をもって決する⑩。

第4章　取締役，取締役会，代表取締役及び監査役

（取締役会設置会社）
第16条　当会社には取締役会を置き，取締役は3名以上とする⑪。
（監査役設置会社）
第17条　当会社には監査役を置き，監査役は1名以上とする⑫。
（取締役及び監査役の選任の方法）
第18条　当会社の取締役は，当会社の株主の中から選任する⑬。但し，必要があるときは，株主以外の者から選任することを妨げない。
2　当会社の取締役及び監査役は，株主総会において総株主の議決権の3分の1以上に当たる株式を有する株主が出席し，その議決権の過半数の決議によって選任する⑭。
3　取締役の選任については，累積投票によらない⑮。
（取締役及び監査役の任期）
第19条　取締役の任期は選任後2年内，監査役は選任後4年内の最終の事業年度に関する定時株主総会の終結のときまでとする。
2　任期満了前に退任した取締役の補欠として，又は増員により選任された取締役の任期は，前任者又は他の在任取締役の任期の残存期間と同一とする⑯。
3　任期満了前に退任した監査役の補欠として選任された監査役の任期は，前任者の任期の残存期間と同一とする⑯。
（取締役会の招集及び議長）
第20条　取締役会は社長がこれを招集し，その議長となる。社長に事故があるときは，あらかじめ取締役会の定める順序により，他の取締役がこれに代わる。
2　取締役会の招集通知は，会日の3日前に各取締役及び監査役に対して発するものとする。但し，緊急の必要があるときには，この期間を短縮することができる。
（取締役会決議の方法）
第21条　取締役会の決議は，議決に加わることができる取締役の過半数が出席し，その過半数をもって行う。
2　取締役会の議案につき前項の取締役全員が書面又は電磁的記録により同意したときは，取締役会の決議があったものとみなす⑰。但し，監査役が異議を述べた場合は，この限りではない。

(役付取締役)
第22条　取締役会の決議をもって，取締役の中から社長1名を選任し，必要に応じて，副社長，専務取締役，常務取締役各若干名を選任することができる。
(代表取締役)
第23条　社長は，当会社を代表し，会社の業務を統轄する。
2　取締役の決議をもって，前条の役付取締役の中から会社を代表する取締役を定めることができる。
(報　酬)
第24条　取締役及び監査役の報酬は，それぞれ株主総会の決議をもって定める。

第5章　計　算

(事業年度)
第25条　当会社の事業年度は，毎年4月1日から翌年3月31日までの年1期とする。
(剰余金の配当)
第26条　剰余金の配当は，毎事業年度末日現在における株主名簿に記載された株主に対して支払う。
2　剰余金の配当が，その支払提供の日から満3年を経過しても受領されないときは，当会社はその支払義務を免れるものとする。

第6章　附　則

(設立に際して出資される財産及びその最低額)
第27条　当会社の設立に際して出資される財産の全額を資本金とし，その最低額は金×万円とし，1株の払込金額は金×万円とする⑱。
(最初の事業年度)
第28条　当会社の最初の事業年度は，当会社成立の日から平成××年3月31日までとする。
(最初の役員)
第29条　当会社の最初の役員は，次のとおりとする。
　　　　取締役　　●●　●●
　　　　取締役　　●●　●
　　　　取締役　　●●　●●
　　　　監査役　　●●　●

```
（発起人の氏名ほか）
第30条　発起人の氏名，住所及び設立に際して割り当てを受ける株数並びに
　　　株式と引換えに払い込む金額は，次のとおりである⑲。
　　　　東京都●●●区　　　●●株●万円　　A
　　　　東京都●●区　　　　●●株●万円　　B
（準拠法）
第31条　この定款に規定のない事項は，すべて会社法その他の法令に従う。

以上，当会社の設立のため，この定款を作成し，発起人が次に記名押印する。
　　　平成　　年　　月　　日
　　　　　　　　　　　　　　　　　　　　　　発起人　　A
　　　　　　　　　　　　　　　　　　　　　　発起人　　B
```

① 絶対的記載事項
② 絶対的記載事項
③ 絶対的記載事項
④ 会社の公告方法として電子公告を選択した（新会社法939条1項）。
⑤ 株式譲渡制限会社で，取締役会設置会社である。
⑥ ただし，強制的に株券不発行会社にさせられる平成21年6月までは，株式上場（IPO）の際には，株券発行会社に変更する必要がある。101頁参照。
⑦ 新会社法124条4項。
⑧ 招集通知の期間を短縮している（新会社法299条1項）が，公開会社とする段階で2週間に変更する必要がある。
⑨ 普通決議の定足数を完全に排除している（新会社法309条1項）。
⑩ 特別決議の定足数を3分の1に変更している（新会社法309条2項）。
⑪ 取締役会設置会社である（新会社法326条2項）。
⑫ 監査役設置会社である（新会社法326条2項）。
⑬ 株式譲渡制限会社おいては，取締役を株主に限る旨の定款の定めを設けることは可能となった（新会社法331条2項）。公開会社に変更するまでには削除する必要がある。
⑭ 取締役・監査役選任の普通決議の定足数は3分の1未満にすることはできない（新会社法341条）。
⑮ 累積投票制度を定款で排除している（新会社法342条1項）。
⑯ 補欠取締役・補欠監査役である（新会社法329条2項）。
⑰ 新会社法370条。
⑱ 絶対的記載事項。
⑲ 発起人の氏名又は名称及び住所は絶対的記載事項。

書式 株式会社設立登記申請書（サンプル）

株式会社設立登記申請書

1. 商　　　号　　　株式会社●●●
1. 本　　　店　　　東京都●●区●●●
1. 登記の事由　　　平成●●年●●月●●日発起設立の手続終了
1. 登記すべき事項　別紙のとおり（省略）
   　　　　　　　　＊登記事項はすべてOCR用紙に記載する。
1. 課税標準金額　　金　●●●円（資本金の額）
1. 登録免許税　　　金　●●●円（資本金の額×0.7％）
   　　　　　　　　＊但し，15万円未満の場合は15万円。

1. 添付書類
   定款　　　　　　　　　　　　　　　　　　　　　　1通
   株式の引受けを証する書面　　　　　　　　　　　　1通
   残高証明書　　　　　　　　　　　　　　　　　　　1通
   発起人の設立時取締役及び設立時監査役の選任書　　1通
   取締役会議事録　　　　　　　　　　　　　　　　　1通
   設立時取締役及び設立時監査役の調査書及び附属書類　1通
   設立時取締役及び設立時監査役の就任承諾書　　　　1通
   設立時代表取締役の就任承諾書　　　　　　　　　　1通
   設立時代表取締役の印鑑証明書　　　　　　　　　　1通

上記のとおり登記を申請する。
　平成　　年　　月　　日
　　東京法務局　御中

　　　　　　　　　　東京都（本店）
　　　　　　　　　　申　請　人　　株式会社●●●
　　　　　　　　　　東京都（代表取締役の住所）
　　　　　　　　　　代表取締役　　　A

2 会社の機関

1 機関設計の多様化

(1) 旧商法，旧有限会社及び旧商法特例法下の機関

　旧商法，旧有限会社法及び旧商法特例法において，認められていた機関設計は以下のとおり8種類しかなかった。

　株式会社においては，取締役会及び監査役が強制されていたため，役員の員数も取締役3名と監査役1名が最低必要だった。

❖ 旧法の機関設計

機関設計	備考
有限会社	
① 取締役	
② 取締役＋監査役	
小会社※1	
③ 取締役会＋監査役	
中会社※2	
④ 取締役会＋監査役	
⑤ 取締役会＋監査役会＋会計監査人	みなし大会社の場合※3
⑥ 取締役会＋三委員会＋会計監査人	みなし大会社の場合※3
大会社※4	
⑦ 取締役会＋監査役会＋会計監査人	
⑧ 取締役会＋三委員会＋会計監査人	

※1 小会社とは，資本の額が1億円以下かつ最終の貸借対照表上の負債の合計額が200億円未満の株式会社をいう（旧商法特例法1条の2第2項）。

※2 中会社とは，資本の額が1億円を超え5億円未満でかつ負債の合計額が200億円未満の株式会社をいう。

※3 みなし大会社とは，資本の額が1億円を超える中会社で，定款で大会社に関する一定の特例規定を受ける旨定めた株式会社をいう（旧商法特例法2条2項）。

※4 大会社とは，資本の額が5億円以上または最終の貸借対照表上の負債の合計額が200億円以上の株式会社をいう（旧商法特例法1条の2第1項）。

❖ 旧商法特例法に基づく会社規模の分類

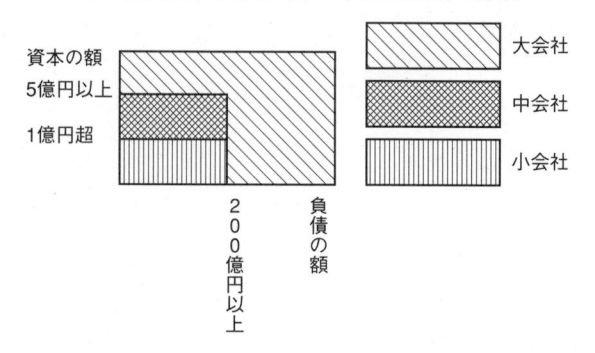

(2) 新会社法の機関設計

新会社法において，認められる機関設計は以下のとおり20種類と多様になった。新会社法では，株主総会及び取締役の設置が強制される以外の機関設計は，大会社か中小会社か，公開会社か株式譲渡制限会社かによって区別されている。なお，どの種類の機関設計も会計参与を任意で設置することが可能である。なお，株式譲渡制限会社で取締役会を設置した会社は，監査役を設置しない限り，会計参与を設置しなければならない（類型4）。

❖ 新会社法の機関設計

機 関 設 計	備 考
株式譲渡制限中小会社	
1　取締役	26頁の表の類型①と同様
2　取締役＋監査役	26頁の表の類型②と同様
3　取締役＋監査役＋会計監査人	
4　取締役会＋会計参与	※1
5　取締役会＋監査役	26頁の表の類型③④と同様
6　取締役会＋監査役会	
7　取締役会＋監査役＋会計監査人	
8　取締役会＋監査役会＋会計監査人	26頁の表の類型⑤と同様
9　取締役会＋三委員会＋会計監査人	26頁の表の類型⑥と同様
株式譲渡制限大会社	
10　取締役＋監査役＋会計監査人	
11　取締役会＋監査役＋会計監査人	
12　取締役会＋監査役会＋会計監査人	26頁の表の類型⑤と同様
13　取締役会＋三委員会＋会計監査人	26頁の表の類型⑥と同様
公開中小会社	
14　取締役会＋監査役	26頁の表の類型③④と同様
15　取締役会＋監査役会	

	16　取締役会＋監査役＋会計監査人	
	17　取締役会＋監査役会＋会計監査人	26頁の表の類型⑤と同様
	18　取締役会＋三委員会＋会計監査人	26頁の表の類型⑥と同様
公開大会社		
	19　取締役会＋監査役会＋会計監査人	26頁の表の類型⑦と同様
	20　取締役会＋三委員会＋会計監査人	26頁の表の類型⑧と同様

※1　会計参与を必ず設置しなければならない種類の機関設計である。
　　江頭憲治郎　商事法務1722号「『会社法制の現代化に関する要綱案』の解説〔Ⅱ〕」5頁の表を変形

❖　新会社法に基づく会社規模の分類

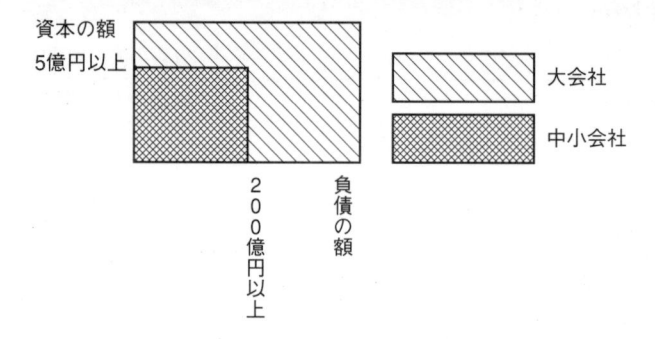

資本の額5億円以上

負債の額200億円以上

大会社

中小会社

(3)　機関設計の選択

①　アーリーステージからミドルステージのベンチャー企業の場合

　まず，取締役会を設置すべきか否かを検討する。

　取締役会設置会社では，旧商法と同様に，株主総会は，新会社法に規定した事項及び定款で定めた事項についてのみ決議をする権限を有する（新会社法295条2項）。

　それに対し，取締役会非設置会社では，株主総会は新会社法に規定した事項のほか，組織，運営，管理その他株式会社に関する一切の事項について決議を

する権限を与えられている（新会社法295条1項）。

　したがって、オーナー社長が経営する会社や同族会社等は、取締役会を設置しなくとも何の問題もないが、ベンチャー企業が、ベンチャーキャピタルや他の事業会社等の出資を受け入れる段階では、株主総会の権限がより限定されている取締役会設置会社を選択すべきである。出資する側も取締役会が設置されていない会社に対して旧有限会社と同じイメージをもってしまう可能性が高く、この面からも取締役会を設置しておいた方が投資を受けやすくなるだろう。

　次に、監査役を設置すべきか否かを検討する。

　株式譲渡制限会社のうち、監査役会設置会社及び会計監査人設置会社でない会社は、その監査役の監査の範囲を会計に関するものに限定する旨を定款で定めることができる（新会社法389条1項）。このような会計監査に限定された監査役は、業務監査を行わない。会計監査に限定された監査役が設置された会社は監査役設置会社とならないことに注意が必要である（新会社法2条9号）。

　監査役非設置会社や会計監査に限定された監査役の設置会社は、株主が、直接、取締役の業務執行を監査することになる。具体的には、株主に裁判所の許可不要な取締役会議事録閲覧・謄写請求権（新会社法371条2項）や取締役が会社の目的外行為をし、またはそのような行為をするおそれがある場合の取締役会招集請求権・招集権（新会社法367条1項3項）が認められる。これらの権利は、株主に強大な権限を与えるものであり、オーナー社長が経営する場合等は問題ないが、ベンチャーキャピタル等の出資を受け入れる段階では、株主の権限がより限定されている会計監査に限定された監査役でない業務監査も行う監査役が設置された監査役設置会社を選択すべきである。

　したがって、株式譲渡制限会社であるベンチャー企業としては、少なくともミドルステージにおいては、1から4と10の選択肢はとり得ないことになる。

② レイターステージから株式市場（IPO）ステージのベンチャー企業の場合

　株式市場（IPO）をする段階では、株式譲渡制限の定款を変更して公開会社にならなければならないので、その段階以降は、14から20の機関しか選択の

余地はない。また，上場審査制度は監査役（または委員会設置会社における監査委員会）が機関として設置されていることを前提としているため，監査役（または委員会設置会社における監査委員会）の設置は必須である。

したがって，大会社に該当しない会社の場合は，最低でも旧商法と同様に5の「取締役会＋監査役」の類型にしなければならない。また，中小会社であっても任意に会計監査人を設置した会社は，一定の要件を満たせば取締役会決議のみで四半期配当ができるようになる。上場後の株主還元策のひとつとしては評価できるが，証券取引法に基づく監査のほかに新会社法に基づく会計監査を受ければコストがかかることになる。どちらが真の意味で株主還元になるのか，慎重に考えた方がよい。

また，公開大会社における機関設計としては，会計参与が追加設置可能になった以外に特に変更はない。大会社に該当するベンチャー企業は，上場後は19か20しか選択肢がなくなるのだから，上場前であっても10と11の機関設計を行わない方がよい。

③ ま と め

以上を踏まえると株式上場（IPO）までのステージにおける機関設計は表のような形が推奨される。

	アーリーステージ	ミドルステージ	レイターステージ
中小会社	比較的自由に選択できる	5※	5※
大会社	10～13	12か13	12か13

※ もちろん6～9の機関設計も取り得るがコストがかかるのであまりお勧めではない。

(4) 他の株式会社とビジネスする際の注意点

機関設計の解説とは離れるが，旧商法下ではなかった他の株式会社とビジネスを行う際の注意点を指摘する。

前述したように取締役会設置会社か否かによって，承認決議を行う機関が異

なる。例えば，取締役の競業取引（51頁参照）や利益相反取引（51頁参照）を承認する決議を行う権限を有するのは，取締役会設置会社においては取締役会である（新会社法365条）が，取締役非設置会社においては株主総会である（新会社法356条）。したがって，その取引の相手方となる場合は，商業登記簿謄本や定款の提出を求め，取締役会設置会社か否かを確認して，取引に必要な承認決議を得ているかどうか確認すべきであろう。

2 株主総会

(1) 株主総会の権限

取締役会設置会社か否かで以下のとおり異なる。

※ 取締役会設置の有無と株主総会の権限

取締役会設置か否か	株主総会の権限
取締役会設置会社	新会社法に規定する事項＋定款で定めた事項だけ（新会社法295条2項）
取締役会非設置会社	新会社法に規定する事項＋株式会社の組織，運営，管理その他株主総会に関する一切の事項（新会社法295条1項）

このように取締役会非設置会社においては，株主総会の権限は，大幅に拡大してしまうので，ベンチャー企業がベンチャーキャピタルや他の事業会社から出資を受ける際には，取締役会を設置しておくべきである。また，株式上場（IPO）の際には，上場審査との関係から取締役会の設置が求められる。そのため，株式上場を目指すベンチャー企業においては，取締役会非設置会社の選択はあり得ない。

(2) 株主総会の招集手続

① 原則

> 取締役会（取締役会非設置会社では取締役の過半数）で，以下の事項を定める（新会社法 298 条 1 項）。
> (a) 株主総会の日時及び場所
> (b) 株主総会の目的である事項があるときは当該事項（議題は必ずしも定める必要はないが，取締役会設置会社では招集段階で決定された以外の議題について決議することができない（新会社法 309 条 5 項）ので要注意）
> (c) 書面投票制度を採用するときはその旨
> (d) 電子投票制度を採用するときはその旨
> (e) 前各号に掲げるもののほか，法務省令で定める事項

↓

> 株主総会の会日の 2 週間前（書面投票制度ないし電子投票制度を定めたときを除き株式譲渡制限会社では 1 週間前。取締役会非設置会社においてこれを下回る期間を定款で定めた場合はその期間）までに株主に対して株主総会招集通知を発送する（新会社法 299 条 1 項）。
> 取締役会非設置会社かつ書面投票制度・電子投票制度を採用していない会社は，通知方法に制限はない（口頭や電話でよい）が，それ以外の会社は書面で行う必要がある（新会社法 299 条 2 項）。

② 例外

> 公開会社においては，総株主の議決権の 3%（定款で引下げ可能）以上の議決権を 6 ヶ月（定款で短縮可能）前から引き続き有する株主，取締役に対し，株主総会の目的である事項及び招集の理由を示して，株主総会の

招集を請求することができる（新会社法 297 条 1 項）。
　株式譲渡制限会社においては，総株主の議決権の 3%（定款で引下げ可能）以上の議決権を有する株主は，取締役に対し，株主総会の目的である事項及び招集の理由を示して，株主総会の招集を請求することができる（新会社法 297 条 2 項）。

⬇

　株主の請求後遅滞なく招集の手続が行われない場合，または株主の請求があった日から 8 週間（定款で短縮可能）以内の日を株主総会の日とする株主総会招集の通知が発せられない場合には，請求をした株主は，裁判所の許可を得て，株主総会を招集することができる（新会社法 297 条 4 項）。

⬇

請求をした株主は，以下の事項を決定する（新会社法 298 条 1 項）。
(a) 株主総会の日時及び場所
(b) 株主総会の目的である事項があるときは当該事項（議題は必ずしも定める必要はないが，取締役会設置会社では招集段階で決定された以外の議題について決議することができない（新会社法 309 条 5 項）ので要注意）
(c) 書面投票制度を採用するときはその旨
(d) 電子投票制度を採用するときはその旨
(e) 前各号に掲げるもののほか，法務省令で定める事項

⬇

　株主総会の会日の 2 週間前（書面投票制度ないし電子投票制度を定めたときを除き株式譲渡制限会社では 1 週間前。取締役会非設置会社においてこれを下回る期間を定款で定めた場合はその期間）までに株主に対して株

主総会招集通知を発送する（新会社法299条1項）。
　取締役会非設置会社かつ書面投票制度・電子投票制度を採用していない会社は，通知方法に制限はないが，それ以外の会社は書面で行う必要がある（新会社法299条2項）。

(3) 招集手続が省略できる場合

　書面投票制度・電子投票制度を採用していない会社は，株主全員の同意があるときは，招集手続を省略できる（新会社法300条）。

　アーリーステージのベンチャー企業は，役員が株式をすべて保有していることが多いから招集手続を省略して行うと利便性が高い。また，この場合の全員出席は，委任状による出席でもよいとされている。

(4) 株主総会の招集地制限の廃止

　旧商法では，株主総会は，定款に別段の定めがある場合を除き，本店所在地またはそれに隣接する地に招集することを要するものとされていた（旧商法233条）。

　しかしながら，定款で格別の定めを置いていない会社の場合には，招集地が限定されてしまうという不都合があったため，新会社法では，株主総会の招集地制限は廃止された。

　ただし，意図的に株主が出席しにくい招集地を選択した場合には，招集手続が著しく不公正であるとして，総会決議の取消事由（新会社法831条1項1号）となり得るので注意が必要である。

(5) 書面投票制度・電子投票制度の見直し

　書面投票制度とは，株主総会に出席しない株主が議決権行使書面をもって議決権を行使できる制度である。取締役は，議決権を有する株主の数が1,000人以上である場合には，大会社であるか否かに関わらず，書面投票制度を採用し

なければならない（新会社法298条2項）。

電子投票制度とは，株主総会に出席しない株主が電磁的方法（電子メールの送信，会社のウェブサイトの利用等考えられるが，実務的には会社の設置するウェブサイトを利用する方法ということになろう）により議決権を行使できる制度である。電磁的方法による招集通知の受領を承諾した株主には，原則として議決権行使書面の送付は不要である（新会社法301条2項）。

電子化の流れを汲み，事務手続の軽減を図るため，今後は電子投票制度が活用されるだろう。

(6) 株主提案権

株主提案権とは，一定の要件を満たす株主が，取締役に対し，一定の事項を株主総会の議題とすることを請求することができる権利である（新会社法303条1項）。議題提案権ともいう。

事前の議題提案にかかる議案の要領を株主に通知することを請求する権利は議案提案権という。

昨今では，「物言う株主」M&Aコンサルティングが東京スタイルに対して株主提案権を行使したため，株主側提案と会社側提案とで，プロキシーファイト（委任状争奪戦）になったことで，一躍脚光を浴びた権利である。

株主提案権を有する株主の一定の要件，行使期限は，次頁のとおりに改正された（新会社法303条2項3項，305条1項2項）。

株主提案権が行使される事案では，会社側提案と株主側提案とでプロキシーファイト（委任状争奪戦）が行われるのが通常である。このような場合，株主総会が紛糾することを避けるため，裁判所に総会検査役を選任してもらうよう申し立てることができる。総会検査役は，株主総会にかかる招集手続及び決議の方法を調査することを職責としている。

旧商法では，総株主の議決権の1％以上の議決権を有する株主にのみ，総会検査役の選任の申立を認めていたが，新会社法では総会手続の公正さを客観的にも担保することは意義があるという観点から会社側も申し立てることが可能

❖ 株主提案権の行使期限

会社の類型		提案権を有する株主	議題提案権の行使期限	事前の議題提案にかかる議案の要領通知請求権の行使期限
取締役会設置会社	株式譲渡制限会社	総株主の議決権の1%（定款で引下げ可能）以上の議決権または300個（定款で引下げ可能）以上の議決権を有する株主	株主総会の日の8週間（定款で引下げ可能）前までに行使必要	株主総会の日の8週間（定款で引下げ可能）前までに行使必要
	公開会社	総株主の議決権の1%（定款で引下げ可能）以上の議決権または300個（定款で引下げ可能）以上の議決権を6ヶ月（定款で引下げ可能）前から引き続き有する株主	株主総会の日の8週間（定款で引下げ可能）前までに行使必要	
取締役会非設置会社		当該株主が議決権を行使できる事項については，1株しか有していなくとも行使可能である。	いつでも（株主総会中でも）行使可能	株主総会の日の8週間（定款で引下げ可能）前までに行使必要

となった（新会社法306条1項）。

　総会検査役の報告を受けた裁判所は，必要と認めるときは，取締役に対して，一定の期間内に株主総会を招集すること，総会検査役の報告内容を株主に通知することの双方または一方を命じなければならない（新会社法307条1項）。後者の調査結果開示制度は，新会社法で新たに創設された制度であるが，これにより決議に瑕疵があると判断した株主は，決議取消の訴えを提起する等して，総会決議の効力を争うことになる。

(7) 議決権行使

① 議決権の数

株主は，株主総会において，その有する株式1株（単元株制度を採用している場合は1単元）につき1個の議決権を有する（新会社法308条1項）。

相互保有株主（新会社法308条1項本文括弧書）及び自己株式（新会社法308条2項）については，議決権を有しない。

相互保有株式とは，株式会社がその総株主の議決権の4分の1以上を有することその他の事由を通じて株式会社がその経営を実質的に支配することが可能な関係にあるものとして法務省令で定める株主の保有する株式のことである（新会社法308条1項本文括弧書）。

ニッポン放送株を巡るライブドアとフジテレビとの攻防において，当初フジテレビがニッポン放送株の25％超の株式取得を目指したのは，相互保有株式として，ニッポン放送のフジテレビに対する議決権を行使させないようにしたからである。

相互保有株式について，新会社法では，①総株主の議決権の4分の1以上という形式基準のほか，その経営を実質的に支配することが可能な関係という実質支配基準が追加され，②株式会社，有限会社に限定せず，外国会社を含む法人等について，発行会社が実質的に支配することが可能な関係にある者につい

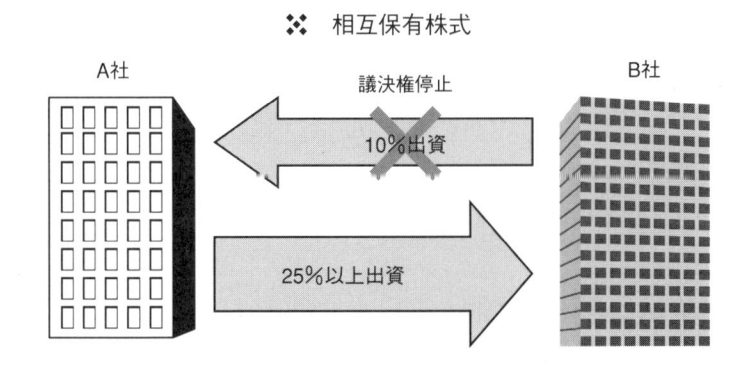

❖ 相互保有株式

A社 ←議決権停止 10％出資✕ B社
A社 →25％以上出資→ B社

て議決権の行使を認めないと改正された。

② 議決権の行使方法

株主が議決権を行使する方法としては，①株主が株主総会に出席して行使する方法，②議決権の代理行使，③書面投票・電子投票の方法がある。①及び②は旧商法からの大きな改正点はなく，③は前述したとおりである。

③ 議決権の不統一行使

株主は，その有する議決権を統一しないで行使することができる（新会社法313条1項）。

取締役会設置会社においては，株主総会の3日前までに議決権の不統一行使をする旨及びその理由を通知する必要があり，旧商法と変わらないが，取締役会非設置会社においては，事前の通知は不要とされた（新会社法313条2項）。取締役会非設置会社は，株主総会の権限が強く，会社の便宜のために認められた議決権不統一行使の事前通知の制度を認める必要はないからである。

(8) 決　議

① 決議方法

株主総会の決議方法は，決議事項によって，①普通決議，②特別決議，③特殊の決議に分類され，その決議事項は新会社法309条という1つの条にまとめられた。

普通決議とは，議決権を行使することができる株主の議決権の過半数を有する株主が出席し，出席した当該株主の議決権の過半数をもって行う決議である（新会社法309条1項）。この定足数は定款で排除できるため，多くの会社では定足数を完全に排除し，単に出席株主の過半数で決している。ただし，役員の選任および解任決議については，定足数を軽減するにしても議決権を行使することができる株主の議決権の3分の1未満とすることはできない（新会社法341条）。

特別決議とは，議決権を行使することができる株主の議決権の過半数（定款で3分の1以上の割合に変更可能）を有する株主が出席し，出席した当該株主

の議決権の3分の2（定款で引上げ可能）以上に当たる多数をもって行う決議である（新会社法309条2項）。

　特殊の決議は，譲渡制限を付する定款変更の場合等と特定の株主を特別扱いする定款変更の場合とがある。前者については，議決権を行使することができる株主の半数以上（定款で引上げ可能）であって，当該株主の議決権の3分の2（定款で引上げ可能）以上にあたる多数をもって行う必要がある（新会社法309条3項）。後者については，総株主の半数以上（定款で引上げ可能）であって，総株主の議決権の4分の3（定款で引上げ可能）以上にあたる多数をもって行わなければならない（新会社法309条4項）。

❖　普通決議の最低成立要件

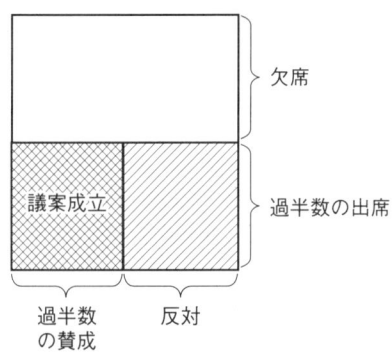

- 欠席
- 過半数の出席
- 議案成立
- 過半数の賛成
- 反対

※定足数は排除可能だが，役員及び会計監査人の選解任決議については3分の1以上の出席が必要

❖　特別決議の最低成立要件

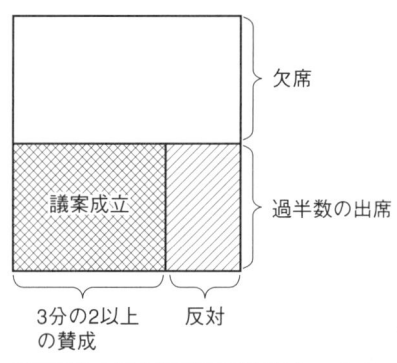

- 欠席
- 過半数の出席
- 議案成立
- 3分の2以上の賛成
- 反対

※定足数の引き下げは可能だが，3分の1未満とすることはできない

以下、それぞれの決議事項についてまとめてみた。

❈ 決議方法と決議事項

決議方法	決議事項（条文はすべて新会社法）
普通決議（定款で定足数の排除可能）	自己株式の買受（156条1項）、総会検査役の選任（316条）、役員の責任軽減後の退職慰労金等の支払（425条4項）、取締役の報酬（361条1項）、監査役の報酬（387条1項）、計算書類の承認（438条2項）、法定準備金の減少（448条1項）、剰余金の資本組入れ（450条）、金銭による剰余金の配当（454条1項）、清算人の選任（478条1項3号）、清算開始財産目録・貸借対照表の承認（492条3項）、清算貸借対照表・事後報告書の承認（497条2項）、清算決算報告書の承認（507条3項）、清算人の解任（479条1項）
普通決議（定款で定足数を3分の1未満にすることはできない）	役員（※1）及び会計監査人の選任（329条）、役員及び会計監査人の解任（339条1項）（※2）
特別決議	株式譲渡承認請求を受けた場合における対象株式の買取りの決定（140条2項）及び取締役会非設置会社における指定買受人の指定の決定（140条5項）、特定の株主からの自己株式の有償取得の授権（160条1項・156条1項）、全部取得条項付株式の全部取得（171条1項）、相続等による株式取得者に対する株式売渡請求（175条1項）、株式の併合（180条2項）、株式譲渡制限会社における募集株式・募集新株予約権の募集事項等の決定等（199条2項・200条1項・202条3項4項・238条2項・239条1項・241条3項4項）、取締役会非設置会社における譲渡制限株式たる募集株式、譲渡制限新株予約権たる募集新株予約権及び譲渡制限株式を目的たる株式とする募集新株予約権の割当の決定（204条2項・243条2項）、監査役及び累積投票により選任された取締役の解任（339条1項）、役員等の責任の一部免除（425条1項）、定時株主総会において欠損填補の範囲で行う場合以外の減資（447条1項）、株主に金銭分配請求権を与えない現物配当（454条4項）、定款変更（第6章）、事業譲渡等（第7章）、解散（第8章）、組織変更及び組織再編（第5編）

特殊の決議（議決権を行使することができる株主の半数以上であって，当該株主の議決権の3分の2以上にあたる多数）	① 発行する全部の株式の内容として譲渡による当該株式の取得について当該株式会社の承認を要する旨の定款の定めを設ける定款変更を行う場合 ② 譲渡制限を付する定款変更合併により消滅する株式会社または株式交換をする株式会社が公開会社であり，かつ，当該株式会社の株主に対して交付する金銭等の全部または一部が譲渡制限株式等である場合 ③ 合併または株式移転をする株式会社が公開会社であり，かつ，当該株式会社の株主に対して交付する金銭等の全部または一部が譲渡制限株式等である場合
特殊の決議（総株主の半数以上であって，総株主の議決権の4分の3以上にあたる多数）	株式譲渡制限会社においては，剰余金分配請求権，残余財産分配請求権及び株主総会における議決権につき，定款で特定の株主を特別扱いすることが可能である（109条2項）が，この定めを新設・変更（廃止は除く）する定款変更を行う場合
全員の同意（必ずしも株主総会で決議する必要はない）	定款を変更してその発行する全部の株式の内容として株式取得条項付株式についての定款の定めを新設・変更（廃止は除く）をしようとする場合には，株主全員の同意を得なければならない。

※1　新会社法における役員とは，取締役，執行役，会計参与，監査役である。
※2　取締役の解任が特別決議から普通決議に変更になった点が重要である。ただし，定款による定めをもって決議要件を加重することはできる（新会社法341条）。

> 書式 **株主総会議事録（サンプル）**

株主総会議事録

　平成●●年●月●日午前●時●分東京都●●区●●の株式会社●●において，臨時株主総会を開催した。

　　　　発行済株式の総数　　　　　　　　●株
　　　　議決権を有する総株主の数　　　　●名
　　　　総株主の議決権の数　　　　　　　●個
　　　　出席株主の数（委任状出席を含む）●名
　　　　出席株主の議決権の数　　　　　　●個

　以上のとおり株主の出席があったので，定款●条の規定により代表取締役Ａは議長席につき，臨時総会は適法に成立したので，開会する旨を宣し，直ちに議事に入った。

第１号議案　取締役選任の件
　議長は，取締役Ｃから本総会終結と同時に取締役を辞任するとの申出があり，その後任者を選任する必要がある旨を述べ，その選任方法をはかったところ，議長に一任する旨の発言があったので，議長は下記の通り指名した。議場も満場異議なくこれを承認したので，下記の通り選任のことに可決確定した。なお，被選任者はその就任を承諾した。
　　　　　取締役　Ｄ
　議長は，以上をもって本日の議事を終了した旨を述べ，午前●時●分閉会した。
　上記の決議を明確にするため，本議事録を作成し，議長及び出席取締役ならびに出席監査役の全員がこれに記名押印する。
　　　　　平成●●年●月●日
（商号）株式会社●●　　臨時株主総会
　　　　　　　議長兼代表取締役　　　Ａ
　　　　　　　出席取締役　　　　　　Ｂ
　　　　　　　　　同　　　　　　　　Ｃ
　　　　　　　　　同　　　　　　　　Ｄ
　　　　　　　出席監査役　　　　　　Ｅ

(9) 決議の瑕疵

① 決議取消の訴え

(a)招集手続または決議方法の法令・定款違反，(b)決議内容の定款違反，(c)特別利害関係人が議決権を行使した結果著しく不当な決議がなされたときは，総会決議の日から3ヶ月以内に，総会決議取消の訴えを提起できる（新会社法831条1項）。提訴権者について，株主に加えて，決議の取消しにより取締役，監査役または清算人となる者も含まれることになった。

② 決議不存在確認・決議無効確認の訴え

誰でも，いつでも，決議が存在しない場合には決議不存在確認（新会社法830条1項），決議内容が法令に違反する場合には決議無効確認（新会社法830条2項）のそれぞれ訴えを提起できる。

3　株主の権利

株主の権利には，1株以上保有していればどの株主でも単独に行使できるもの（単独株主権）と，総株主の議決権の一定割合または一定数以上の議決権を有する株主でなければ行使できないもの（少数株主権）とがある。

自益権は，すべて単独株主権であるが，共益権は，以下の表のように単独株主権と少数株主権とに分かれる。

❖　共益権の分類

株式保有割合	株主の権利
1株以上（単独株主権）	・会社組織に関する行為無効訴権（新会社法828条） ・新株発行差止請求権（新会社法210条） ・代表訴訟提起権（新会社法847条。公開会社では6ヶ月保有必要） ・取締役の違法行為差止請求権（新会社法360条。公開会社では6ヶ月保有必要）
総株主の議決権の1％以上もしくは300個以上の議決権	・総会議題・議案提案権（新会社法303条，305条。公開会社では6ヶ月保有必要）

総株主の議決権の1%以上もしくは300個以上の議決権	・総会議題・議案提案権（新会社法303条，305条。公開会社では6ヶ月保有必要）
総株主の議決権の1%以上	・総会検査役選任請求権（新会社法306条。公開会社では6ヶ月保有必要）
総株主の議決権の3%以上	・株主総会招集請求権（新会社法297条。公開会社では6ヶ月保有必要） ・取締役等の定款授権による免責に対する異議申出権（新会社法426条5項）
総株主の議決権の3%以上または発行済株式の3%以上	・会計帳簿閲覧・謄写請求権（新会社法433条1項） ・取締役，監査役等の解任請求権（新会社法854条。公開会社では6ヶ月保有必要）
総株主の議決権の10%以上または発行済株式の10%以上	・解散判決請求権（新会社法833条1項）

4 取締役

(1) 取締役の選任

　取締役は，株主総会決議の普通決議によって選任する（新会社法329条1項）。普通決議であるが，定款で定足数を3分の1未満にすることはできない（新会社法341条）。

　旧商法と同様に，2人以上の取締役を選任する場合に，その取締役全員の選任を一括し，その代わりに各株主に1株につき選任される取締役と同数の議決権を認め，各株主にはその議決権を全部1人に集中するか，数人に分散して投票するかの自由を認め，投票の結果最多数を得た者から順次その員数までを当選者とする投票の方法である累積投票制度が認められている（新会社法342条）。ただし，累積投票制度は定款で排除可能である（新会社法342条1項）し，実際にも多くの会社では定款で排除している。

　取締役の欠員が生じた場合または取締役の員数が欠けた場合に備えて補欠取締役を選任することができる（新会社法329条2項）。旧商法では規定はな

かったが，登記実務上認められると解釈されていた制度を追認したものである。

(2) 社外取締役の活用

社外取締役とは，当該株式会社またはその子会社の業務執行取締役，執行役，支配人その他使用人でなく，かつ，過去に当該会社またはその子会社の業務執行取締役，執行役，支配人その他使用人となったことがないものをいう（新会社法2条15号）。

委員会設置会社では，各委員会につき委員の過半数が社外取締役である必要があり，委員会設置会社以外でも特別取締役を選定するためには1人以上の社外取締役が必要である（新会社法373条）。

それ以外の会社であってもコーポレート・ガバナンスを強化するために社外取締役を採用する必要性は高い。わが国では，出世コースを駆け上がった結果として取締役になるケースが多かったが，そういうケースでは，上司である代表取締役に対する他の取締役の監視体制も形骸化せざるを得ない。昨今の企業の不祥事を見れば明らかであろう。そのような経営体制に一石を投じ，コーポレート・ガバナンスを強化する観点から期待されているのが社外取締役の手腕である。

ベンチャー企業においては，社外取締役を起用しているという形式的なものだけでコーポレート・ガバナンスに取り組んでいるとはいい難いが，昨今の株式上場（IPO）審査では，コーポレート・ガバナンスが重要視されているので，社外取締役を選任している意義は大きい。

役員の責任が重いと渋る社外取締役候補者には，責任限定契約（新会社法427条）や会社役員賠償保険制度（D&O保険；Directors & Officers Liability Insurance）の利用によって説得するなどの工夫が必要であろう。

(3) 取締役の資格

① 取締役の欠格事由

取締役の欠格事由は以下のとおりである（新会社法331条1項）。

(a) 法　人
(b) 成年被後見人・被保佐人等
(c) 新会社法・中間法人法・証券取引法等の罪で刑に処せられ，執行の終わった日または執行を受けないことが確定した日から2年が経過しない者
(d) (c)の罪以外の罪で禁錮以上の刑に処せられ，執行が終わっていない者または執行を受けないことが確定していない者（執行猶予中の者を除く）

② 破産者が欠格事由から削除された

　破産手続開始の決定を受けても，復権したか否かに関わらず，取締役の欠格事由には該当しないことになった（新会社法331条参照）。

　これにより会社の債務を個人保証していた会社経営者の経済的再起のきっかけとなるものである。また，会社が民事再生手続により自主再建を図る場合に，それを並行して会社経営者の破産手続を行うと途中で経営者の地位を降りなければならなかったが，新会社法ではそのような不都合がなくなった。失敗を恐れずに積極的に起業にチャレンジしてみるのもよいだろう。

　ただし，会社と取締役との関係は委任契約であり（新会社法330条），取締役の破産手続開始決定は委任契約の終了事由（民法653条2号）とされているため，取締役は破産手続開始決定を受けることにより，委任契約が終了し，取締役としての地位を失う。このような者を取締役に選任することの適否は，その後の株主総会の判断に委ねられ，総会で改めて選任されてはじめて取締役の地位が復活する。

③ 取締役を株主に限る旨の定款の定めは可能か

　公開会社においては，旧商法下の解釈と同様，取締役を株主に限る旨の定款の定めを設けることはできないが，株式譲渡制限会社においては，取締役を株主に限る旨の定款の定めを設けることが可能となった（新会社法331条2項）。

④ 使用人兼務取締役

　取締役が部長等の使用人（従業員）を兼務することは認められ，実務的にも多くの会社がこのような使用人兼務取締役という制度を採用している。

(4) 取締役の員数

① 旧商法・旧有限会社法

旧商法では，株式会社においては，取締役は必ず3人以上必要とされ（旧商法255条），かつ取締役会を設置しなければならないのに対して，旧有限会社法では，有限会社においては，取締役は1人以上で足り（旧有限会社法25条），取締役会は存在しなかった。

② 新会社法

株式会社は，1人または2人以上の取締役を置かなければならない（新会社法326条1項）と規定して，取締役は1人とすることもできるし，取締役会も必ずしも設置する必要はなくなった。

ただし，公開会社は，旧商法と同様に取締役会を設置しなければならない（新会社法327条1項1号）ので，3人以上の取締役が必要となる（新会社法331条4項）。

(5) 取締役の任期

① 旧商法・旧有限会社法

旧商法では，株式会社における取締役の任期は原則2年で，設立当初の役員は1年とされていた（旧商法256条1項，2項）のに対し，旧有限会社法では，有限会社における取締役の任期の定めはなく，無期限とされていた。

② 新会社法

取締役の任期は，設立当初の取締役を含め，原則2年（委員会設置会社では1年。定款で短縮可能）としつつ，株式譲渡制限会社においては，定款で定めることにより，最長10年まで伸長することが可能となった（新会社法332条）。

旧商法下の解釈によれば，任期の途中で正当な理由なく解任された者は，会社に対して解任によって生じた損害（任期満了までの役員報酬等）の賠償を請求することができる（新会社法339条2項）から，任期が長期になればなるほど損害額も多額となり得ることに注意すべきである。

なお，ベンチャー企業が株式上場（IPO）する段階で，株式の譲渡制限を外す定款変更をして公開会社となるのであるから，その段階で取締役の任期は強制的に満了する（新会社法332条4項3号）。そのため，定款変更を行う株主総会において，併せて取締役の選任も要することになろう。

逆にいうと，取締役の任期の伸長は，株式上場（IPO）した後の敵対的買収防衛策としては利用できないということである。

(6) 取締役の解任

① 旧商法・旧有限会社法

旧商法では，株式会社において取締役を解任する場合には特別決議が必要とされていた（旧商法257条2項）のに対し，旧有限会社法では，有限会社において取締役を解任する場合には，普通決議で足りるとされていた。

② 新会社法

取締役解任の場合には，普通決議で足りることになった（新会社法341条）。ただし，累積投票で選任された取締役解任の場合は，特別決議が必要である（新会社法309条2項7号）。

定款で決議要件を加重することは可能であるから，解任の決議要件を加重しておけば，株式上場（IPO）した後の敵対的買収防衛策として利用できる。ただし，他の取締役を解任することも難しくなり，自分の首を締めてしまう可能性もあるから，決議要件を加重するにしてもどのくらいにするのがよいのかよく検討した方がよいだろう。

③ 解任の訴え

取締役の職務の執行に関し，不正行為または法令・定款に違反する重大な事実があったにもかかわらず，当該取締役を解任する旨の議案が株主総会において否決されたとき等は，総株主の議決権の3％（定款で引下げ可能）以上の議決権を6ヶ月（定款で短縮可能。株式譲渡制限会社ではこの要件不要）前から引き続き有する株主は，株主総会の日から30日以内に訴えをもって当該取締役の解任を請求することができる（新会社法854条）。

(7) 業務の執行

① 取締役会非設置会社

取締役の過半数の決定に基づき（新会社法348条1項2項），代表取締役の定めのない限り（新会社法349条3項），各取締役が会社を代表して（新会社法349条1項），業務執行を行う。

② 取締役会設置会社

取締役会の決定（新会社法362条2項1号）に基づき，その監督下において，代表取締役が会社を代表して業務執行を行う（新会社法349条1項，362条3項）。

③ 内部統制システム

内部統制システムとは，取締役の職務の執行が法令・定款に適合することを確保するための体制その他株式会社の業務の適正を確保するために必要なものとして法務省令で定める体制のことである（新会社法348条3項4号，362条4項6号）。要するに世間を騒がせるような不正や不祥事を事前に防止するために，どのような管理体制やチェック体制を採用しているかということである。大会社と委員会設置会社においては，内部統制システムの整備が義務づけられている（新会社法362条5項，416条1項1号ホ）が，それ以外の会社でも任意に整備することができる。

有価証券報告書提出会社においては，有価証券報告書上に会社のコーポレート・ガバナンスの状況の一例として内部統制システムの整備状況を記載する必要がある。また，株式上場（IPO）の際の審査項目では，内部統制システムが形式的に整っているだけではなく，実質的に機能しているかが審査ポイントとなる。また，上場審査上は役員の兼務状況も制限される。例えば，営業部門と経理部門のトップが同一人物だと，不良債権が発生しても隠蔽することが容易になる。これを職務として分離しておけば，相互にチェックが効くので，不正が発覚しやすくなる。このほかにも兼務することによって不正が起こりやすい兼務については内部統制上好ましくないので，上場審査前に解消しておく必要

がある。規模が大きくないベンチャー企業にとっては負担が増えることであるが，一般大衆から資金調達するのであるから，上場するための必要コストととらえるぐらいの心構えが必要だろう。

　取締役設置会社か否かに関わらず，内部統制システムの整備を特定の取締役に委任することはできない（新会社法348条3項4号，362条4項6号）。

④　共同代表取締役の登記制度の廃止

　実務的にほとんど利用されなかったため，共同代表の制度を取締役の代表権に対する内部的制限を位置づけ，共同代表取締役の登記制度を廃止した。同様に共同代表執行役，共同支配人の登記制度も廃止された。

(8) 取締役の報酬等

　取締役の報酬，賞与その他の職務執行の対価として株式会社から受ける財産上の利益（以下「報酬等」という）について，定款に定めなきときは株主総会決議によって定める（新会社法361条1項）。旧商法下においては，賞与について，狭義の報酬として支給されるものと利益処分として支給されるものとがあるとされ，それぞれ根拠条文を異にしていたが，新会社法361条に一本化された。

　使用人兼務取締役は，使用人として受ける給与体系が明確に確立されている場合には，取締役として受ける報酬部分のみを株主総会で決議することが可能である。なお，使用人兼務取締役に対する賞与は，法人税法上は経理処理とは関係なく，使用人としての賞与は損金算入できるが，取締役としての賞与は損金算入できないとされている。つまり，使用人としての賞与と取締役としての賞与の算定基準があいまいだと税務調査の際に指摘される可能性があるので，使用人部分の賞与と役員部分の賞与の算定基準を明確にしておく必要がある。

　また，上場会社では有価証券報告書等で役員報酬額を開示する義務があるので業績に対して報酬の額が妥当かどうか，外部株主のチェックがされるようになった。

　さらに，上場審査上，親会社の取締役が子会社の取締役を兼務している場合，

子会社から役員報酬を取ることは禁止されている。これは親会社の株主総会決議を避けることが可能となってしまうためである。

(9) 競業及び利益相反取引の制限

① 承認手続

(a)取締役が自己または第三者のために株式会社の事業の部類に属する取引をしようとするとき（競業取引），(b)取締役が自己または第三者のために会社と取引をしようとするとき（直接的利益相反取引），(c)会社が取締役の債務を保証することその他取締役以外の者との間において会社と利益が相反する取引をしようとするとき（間接的利益相反取引）は，取締役会（取締役会非設置会社においては株主総会）において，重要な事実を開示し，その承認を得なければならない（新会社法365条1項，356条1項）。

(b)の直接的利益相反取引の具体例は，取締役が会社から会社財産を譲り受けたり，会社から借入を行ったり，会社が借り上げたマンションを社宅として取締役に貸し出したりすることである。注意しなければならないのが，これらの取引をすること自体が利益相互取引であって，取引の金額の多寡が問題になるものではないということである。

(a)ないし(c)の取引後，遅滞なく，当該取引について重要な事実を取締役会に報告しなければならない（新会社法365条2項。取締役会非設置会社は不要）。

承認を得ずに行った場合の会社の介入権制度（承認決議のない競業取引を会社のために行ったものとみなす制度）は廃止された。

② 取締役の責任

競業取引については，旧商法と同様に過失責任である。つまり，取引に当たって，通常の注意を払っていれば責任を問われることはない。

利益相反取引については，旧商法上，無過失責任（過失があってもなくても責任を負わなければならない非常に重い責任）とされていたものが，自己のために直接取引した取締役の責任（この場合は，新会社法でも無過失責任）を除

き，任務懈怠(けたい)責任の一類型とされた（新会社法423条3項）。なお，任務懈怠責任とは，任務を怠けたことによる責任のことで，きちんと任務を遂行していれば責任は問われない（過失責任）。

③ 株式上場（IPO）の際の利益相反取引

株式上場（IPO）をするということは会社をパブリックにする，社会の公器にするということである。仮に会社法の手続に則っていたとしても，上場審査上は問題のある場合がある。

たとえば，本社の土地建物を社長から借り受ける場合では，仮に法律上の手続を適正にクリアしていたとしても，再度鑑定評価を行うなどして上場審査をクリアしなければならなくなる。

また，利益相反取引には当たらないが，会社の借入金に社長個人が連帯保証している場合は，個人保証を解消する必要がある。これは，会社の資金調達が，社長個人の信用力によって行われているとみなされるからである。これらも上場企業としてはふさわしくない。

(10) 株式上場（IPO）をする場合の取締役の人選

株式上場（IPO）を目指さない同族会社では，取締役に同族関係者が名を連ねていることがよく見受けられる。同族会社ではそうすることが経営を安定させることにもなるので，それでよいかもしれないが，上場を目指す場合はそうはいかない。上場審査基準でもこの点に関しては規定がある。まず，同族関係者の取締役は過半数未満にしなければならない。同族関係者だと社長の暴走を止めることができないからである。ただし，絶対に同族取締役がいたら上場できないということではない。業務上必要性があって，能力的にふさわしければ問題ない。同族関係者そのほかにも親会社からの出向者が取締役になっている場合には，これを解消する必要があるなどの決まりもある。いずれにしても，ガバナンスが機能していれば問題になることはない。

(11) 執行役員

　ベンチャー企業に限らず，取引先などで「執行役員」という肩書きの名刺を持った方に出くわすことが多い。しかし，この執行役員とはきわめてあいまいな存在であるので，注意が必要である。まず，「執行役員」とは旧商法でも新会社法でも規定されているものではない。旧商法においても新会社法においても役員としては規定されていない。新会社法で役員として規定されているのは，「取締役」，「監査役」，「会計参与」，委員会設置会社における「執行役」の４つしかない。「執行役員」というと「執行役」と同じように思ってしまいがちであるが，これらは全く別物である。

　執行役は取締役会決議によって指名される正規の機関であるのに対し，執行役員は各会社の人事部の辞令によって指名される「部長」や「課長」と同じ役職のひとつに過ぎないのである。したがって，言葉の印象から法律上の役員であると誤解してしまいがちであるが，新会社法上の正規の機関ではなく，法律上は単なる使用人に過ぎないのである。「執行役員」はあくまでも「使用人としての最高職位」なのである。

5　取締役を始めとする役員等の責任

(1) 取締役の会社に対する責任

　旧商法266条ではまとめて規定されていたが，新会社法では，別々の部分に規定されたため，少しわかりにくくなった。旧商法と新会社法の対応関係を図示すると次頁のようになる。

① 任務懈怠責任

　取締役は，その任務を怠ったときは，会社に対し，損害賠償責任を負う（新会社423条１項）。旧商法上の法令定款違反行為に基づく損害賠償責任と同様のもので，表現が変わったと認識しておけばよい。

※ 取締役の責任に関する新旧対照表

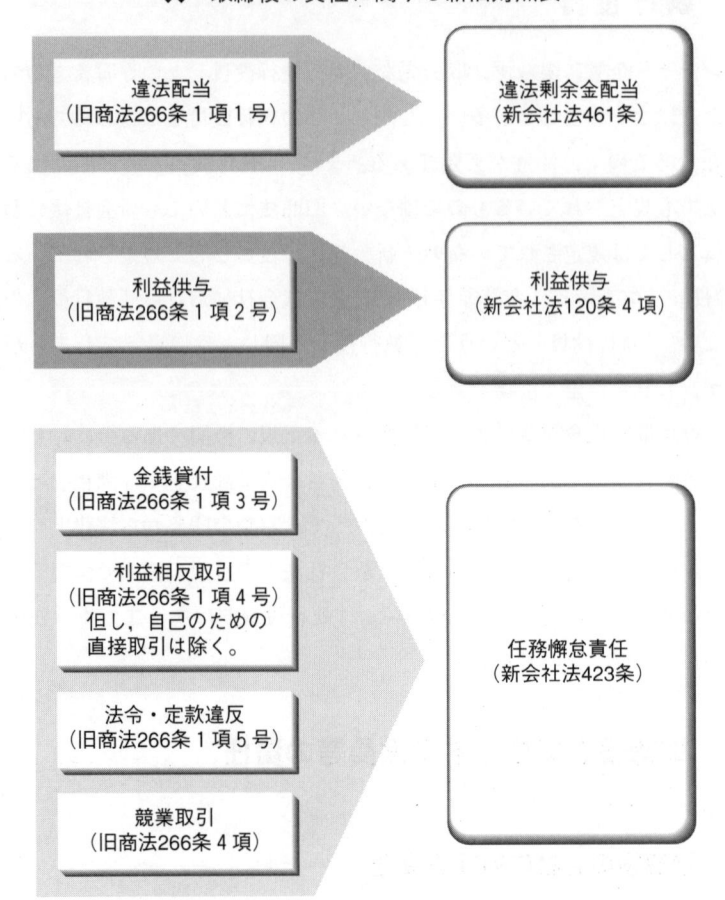

```
違法配当                    →   違法剰余金配当
(旧商法266条1項1号)              (新会社法461条)

利益供与                    →   利益供与
(旧商法266条1項2号)              (新会社法120条4項)

金銭貸付
(旧商法266条1項3号)

利益相反取引
(旧商法266条1項4号)          →   任務懈怠責任
但し，自己のための               (新会社法423条)
直接取引は除く。

法令・定款違反
(旧商法266条1項5号)

競業取引
(旧商法266条4項)
```

② 競業取引にかかる取締役の責任

取締役無承認の競業取引は任務懈怠責任を負うことになるが，その競業取引によって取締役が得た利益の額は，損害賠償責任の対象となる損害額と推定する（新会社法423条2項）。

③ 利益相反取引にかかる取締役の責任

旧商法上，無過失責任とされていたが，新会社法では，自己のために直接取

引した取締役の責任（新会社法でも無過失責任）を除き，任務懈怠責任（つまり過失責任）の1類型とされた（新会社法423条3項）。

承認の有無に関わらず，利益相反取引によって会社に損害が発生したときは，(a)会社と取引を行った取締役，(b)会社側で取引に関する決定を行った取締役，(c)取引に関する取締役会の承認決議に賛成した取締役は，任務を怠ったものと推定される（新会社法423条3項）。

④　株主の権利行使に関する利益供与にかかる取締役の責任

いわゆる「総会屋」対策としての規定である。株式譲渡制限会社では問題となることは少ないが，株式上場企業では株主を選ぶことができないため，どのような人物が株主となるか会社側では選択できない。このような人物は特殊株主と呼ばれ，株主権を濫用して会社から利益を搾り取ることを目的として株式を取得している。特殊株主に利益を供与すると結果として会社に損害を与えることになる。

旧商法上，無過失責任とされていたが，新会社法では過失責任とされ，取締役は，会社に対し，供与した利益の価額相当の賠償責任を負う（新会社法120条4項）。ただし，利益供与した取締役（新会社法でも無過失責任）以外の取締役は，過失がないこと（つまり，その職務を行うについて注意を怠らなかったこと）を証明したときは，責任を免れる（新会社法120条4項但し書）。

⑤　剰余金配当等の制限違反にかかる取締役の責任

旧商法上，無過失責任とされていたが，新会社法では過失責任とされ，取締役は，会社に対し，剰余金配当等制限違反により金銭の交付を受けた者と並んで，交付を受けた金銭等の帳簿価額相当の賠償責任を負う（新会社法462条1項）。ただし，過失がないこと（つまり，その職務を行うについて注意を怠らなかったこと）を証明したときは，責任を免れる（新会社法462条2項）。

(2)　取締役の会社に対する責任の減免

①　総株主の同意

任務懈怠責任は，総株主の同意があれば免除することが可能である（新会社

※ 取締役の責任類型

	任務懈怠					株主の権利の行使に関する利益供与		剰余金の配当
	原則	競業取引	利益相反（直接取引）		利益相反（間接取引）			
			自己のため	その他		利益供与者	その他	
過失責任か無過失責任か	過失責任	過失責任	無過失責任	過失責任	過失責任	無過失責任	過失責任	過失責任
立証する側及び立証対象	責任追及側が「任務懈怠があったこと」を立証する			取締役側が「任務懈怠がなかったこと」を立証する			取締役側が「注意を怠らなかったこと」を立証する	
賠償額	任務懈怠によって会社に生じた損害	取締役が得た利益の額が損害額と推定	任務懈怠によって会社に生じた損害			供与した利益の価額相当		交付を受けた金銭等の帳簿価額相当
責任免除の可否 / 総株主の同意	○	○	○	○	○	○	○	分配可能額の範囲内のみ○
責任免除の可否 / 株主総会一部免除	○	○	×	○	○	×	×	×
責任免除の可否 / 責任限定契約	○	○	×	○	○	×	×	×

平野双葉『フォーブス日本版』2005年9月号65頁の表を変形

法424条）。しかし，株式上場企業では総株主からの同意を得ることは事実上，不可能であろう。

② 株主総会の一部免除

　任務懈怠責任は，取締役が職務を行うにつき善意かつ重大な過失がないとき

は，賠償責任額から最低責任限度額（代表取締役は 6 年分の報酬等，代表取締役以外の取締役は 4 年分の報酬等，社外取締役は 2 年分の報酬等＋有利発行による新株予約権に関する財産上の利益相当額）を控除して得た額を限度として，株主総会の特別決議または定款授権に基づく取締役会決議によって免除することが可能である（新会社法 425 条 1 項，426 条）。つまり，責任限度額を代表取締役は 6 年分の報酬等，代表取締役以外の取締役は 4 年分の報酬等，社外取締役は 2 年分の報酬等＋有利発行による新株予約権に関する財産上の利益相当額とすることができるのである。

ただし，定款授権による取締役会決議では，議決権の 3% 以上の株主から反対された場合には責任を免除できない（新会社法 426 条 5 項）。

事後的に責任を免除する制度である。

③ 責任限定契約

社外取締役に関して，善意かつ重大な過失がないときは，定款で定めた額の範囲内であらかじめ会社が定めた額と最低責任限度額とのいずれか高い額を限度とする旨の契約を締結した場合に任務懈怠に基づく損害賠償責任を減額する制度である（新会社法 427 条 1 項）。この制度を活用することで，社外取締役候補者の説得材断にも使うことができる。

(3) 取締役以外の役員及び会計監査人の会社に対する責任

① 任務懈怠責任

取締役以外の役員（会計参与，監査役，執行役）及び会計監査人も取締役と同様，その任務を怠ったときは，会社に対し，損害賠償責任を負う（新会社法 423 条 1 項）。

これは株主代表訴訟の対象となる（新会社法 847 条）。会計監査人も代表訴訟となるのが旧商法との相違点である。

② 責任の免除

ア　会計参与

　取締役と同様，総株主の同意があれば免除可能である（新会社法 424

また，社外取締役と同様，報酬等の2年分＋有利発行による新株予約権に関する財産上の利益相当額を超える部分について一部免除することも可能である（新会社法425条，426条）。

　社外取締役と同様，責任限定契約を締結することも可能である（新会社法427条）。

イ　監　査　役

　取締役と同様，総株主の同意があれば免除可能である（新会社法424条）。

　また，取締役・会計参与と同様，報酬等の2年分＋有利発行による新株予約権に関する財産上の利益相当額を超える部分について一部免除することも可能である（新会社法425条，426条）。

　社外監査役に関しては，責任限定契約を締結することも可能である（新会社法427条）。

ウ　会計監査人

　取締役と同様，総株主の同意があれば免除可能である（新会社法424条）。

　また，社外取締役・会計参与・監査役と同様，報酬等の2年分＋有利発行による新株予約権に関する財産上の利益相当額を超える部分について一部免除することも可能である（新会社法425条，426条）。

　社外取締役・会計参与・社外監査役と同様，責任限定契約を締結することも可能である（新会社法427条）。

(4)　株主代表訴訟

　6ヶ月（定款で短縮可能）前から引き続き株式を有する株主が，会社に対して，役員及び会計監査人（以下「役員等」という）の会社に対する責任追及の提訴を書面その他の法務省令で定める方法により請求した日から60日以内に会社が責任追及をしない場合に，株主が会社に代わって責任追及する訴訟を提

起することができる。これを代表訴訟という（新会社法847条）。株式譲渡制限会社の場合は，6ヶ月前からの継続保有要件は不要とされた。

大和銀行株主代表訴訟において，取締役らに合計約829億円もの多額の賠償義務が認められたことは新聞紙上を賑わした（大阪地裁平成12年9月20日判決）。その後の大阪高裁において，大和銀行の持株会社移行により株主の原告適格性の問題が浮上し，約2億5,000万円で和解が成立した。

新会社法では，(a)不当提訴請求の禁止，(b)不提訴理由の通知義務，(c)株式交換，株式移転により親会社株式を取得した場合の原告適格について，改正がなされた。

(a) 不当提訴請求の禁止

役員等に対する責任追及訴訟が，当該株主もしくは第三者の不正な利益を図りまたは会社に損害を加えることを目的とする場合は，提訴請求をすることができない（新会社法847条1項但し書）。

(b) 不提訴理由の通知義務

会社は，役員等に対する責任追及訴訟を提起しない場合において，提訴請求をした株主から請求を受けたときは，遅滞なく責任追及の訴えを提起しない理由を書面その他の法務省令で定める方法により通知しなければならない（新会社法847条4項）。

(c) 株式交換，株式移転により親会社株式を取得した株主及び合併により新設・存続会社株式を取得した株主の原告適格

株主代表訴訟を提起した株主が，訴訟係属中に株主でなくなった場合であっても，その株主が株式交換または株式移転により親会社の株式を取得したときや合併により新設・存続する会社の株式を取得した場合には，訴訟を追行することができる（新会社法850条1項）。

前述の大和銀行株主代表訴訟の後，実際にも日本興業銀行株主代表訴訟や東海銀行株主代表訴訟等で，株主代表訴訟の対象となった会社が株式移転により完全子会社となった場合には，訴訟の原告適格を有しないと判断が下されたため，立法的に解決を図ったものである。

(5) 役員等の第三者に対する責任

① 悪意・重過失行為による第三者責任

役員等がその職務を行うについて悪意・重過失があったときは，役員等は第三者に対する損害賠償責任を負う（新会社法429条1項）。責任を追及する第三者側で役員等の悪意・重過失を証明しなければならない。この責任は，会社倒産時の役員の個人責任を追及する手段として使われることが多い。

② 重要書類の虚偽記載による第三者責任

役員等が以下の重大な書類に虚偽記載または記録を行ったときは，役員等は第三者に対する損害賠償責任を負う（新会社法429条2項本文）。役員等がその行為について過失がなかったことを証明しなければならず，立証責任が転換されている（新会社法429条2項但し書）。

- (a) 取締役および執行役→株式等募集通知，計算書類等，登記，公告
- (b) 会計参与→計算書類等
- (c) 監査役および監査委員→監査報告
- (d) 会計監査人→会計監査報告

6 取締役会

(1) 取締役会の設置

取締役会は，(a)業務執行の決定，(b)取締役の職務執行の監督及び(c)代表取締役の選定・解職を行う全員取締役で構成される会社の機関である（新会社法362条1項2項）。

旧商法下では必ず設置しなければならず，旧有限会社法では規定されていない機関であったが，新会社法では，公開会社，監査役会設置会社及び委員会設置会社を除き取締役会の設置は任意である（新会社法327条1項）。

株式上場（IPO）審査では、コーポレート・ガバナンスが重要視され、その観点から会社の意思決定は取締役会で行わなければならず、取締役会が取締役の業務執行状況を監督する体制になっていなければならないから、ベンチャー企業においては、アーリーステージで人材を雇う費用も不足しているような段階を除き、取締役会を設置することは必須である。

なお、人材が不足しているからといって家族等の名目的な取締役を存在させることは株式上場（IPO）審査においては、コーポレート・ガバナンスに問題ありと判断されてしまうので要注意である。もちろん、同族役員であっても過半数を占めておらず、実際に職務を行っていれば問題ない。

(2) 取締役会の運営

① 招集手続

各取締役が招集することができるのが原則であるが、定款または取締役会で招集権者を定めたときはその取締役（通常は代表取締役）が招集する。招集通知は、取締役会の日の1週間（定款で短縮可能）前までに各取締役に対して発しなければならないが、取締役（監査役設置会社においては監査役も）全員の同意があるときは招集手続を省略することができる（新会社法368条1項2項）。

招集権者以外の取締役も招集権者に対して取締役会の招集を請求することができる（新会社法366条2項）。

監査役非設置会社（職務権限が会計監査権限に限定されている監査役が設置されている会社も同様）の株主は、取締役が目的外行為その他法令・定款に違反する行為をし、またはこれらの行為をするおそれがあると認めるときは、招集権者に対して、取締役会の招集を請求することができる（新会社法367条1項2項）。

② 決議

取締役会決議は、議決に加わることのできる取締役の過半数が出席し、その過半数（定款で引上げ可能）が出席し、その過半数（定款で引上げ可能）を

もって行う。

　取締役が取締役会の決議の目的である事項について提案をした場合において，当該提案につき取締役の全員が書面または電磁的記録により同意の意思表示をしたとき（監査役設置会社においては，監査役が当該提案について異議を述べたときを除く）は，当該提案を可決する旨の取締役会の決議があったものとみなす旨を定款で定めることができる（新会社法370条）。従来から遠隔地にいる取締役がテレビ会議や電話会議を利用して取締役会に参加することが実務的に行われてきたが，新会社法では，そもそも会議を開催せず，書面または電磁的記録によって決議することが可能となる。そのため非常に判断が微妙な問題で議論のプロセス（過程）が重要となるような議題は取締役会を開催し決議を行い，重要度の低い議題は書面または電磁的記録によって決議を行うなど議題の重要度によって使い分ける必要が出てくるだろう。

③　特別取締役による取締役会決議

　取締役が6人以上かつその内1人以上の社外取締役がいる場合において，取締役会は，(a)「重要な財産の処分及び譲受け」及び(b)「多額の借財」（新会社法362条4項1号2号）に関する取締役会決議について，あらかじめ選定された3人以上の取締役（特別取締役という）のうち，議決に加わることができるものの過半数（定款で引上げ可能）が出席し，その過半数（定款で引上げ可能）をもって行うことができる旨を定めることができる（新会社法373条1項）。

　旧商法特例法上の重要財産委員会制度は，実務的にあまり利用されていなかったが，新会社法では重要財産委員会を廃止し，上記のように特別取締役の取締役会決議という類似の制度を設けた。

取締役会議事録（サンプル）

取締役会議事録

平成●●年●月●日午前●時●分東京都●●区において，取締役会を開催した。

　　　取締役総数　　　●名
　　　出席取締役　　　●名
　　　監査役総数　　　●名
　　　出席監査役　　　●名

取締役Aは議長席に着き，下記議案につき審議した。

第1号議案　代表取締役選任の件
　議長は，代表取締役の選任について諮ったところ，全員一致をもって，次のとおり選任した。なお，被選任者はその就任を承諾した。
　　住所　　●●区●●●丁目●番●号
　　代表取締役　　A

　以上をもって議案の審議を終え，午前●時●分閉会した。
　上記の決議を明確にするため，この議事録を作り，出席取締役及び出席監査役の全員がこれに記名押印する。
　　平成●●年●月●日

　　　●●●●●株式会社　　取締役会

　　　　　　　議長兼出席取締役　　　　A
　　　　　　　　　出席取締役　　　　　B
　　　　　　　　　　　同　　　　　　　C
　　　　　　　　　出席監査役　　　　　D

7 会計参与

(1) 会計参与の創設

　会計参与とは，取締役・執行役と共同して，計算書類を作成することを職務として，新会社法で創設された会社の機関である（新会社法374条1項）。どの類型の会社においても，定款で定めることにより設置可能である（新会社法326条2項）。主として，税理士がその担い手となることを期待されている。

　これまでわが国では，中小企業の計算書類に対する信頼性の低さ（例えば，引当金を計上していない，減価償却を行っていない等）から間接有限責任とは名ばかりで，中小企業の経営者が個人連帯保証を条件とする融資が実行され，実質的には直接無限責任と同様の結果となっていた。会計参与の設置及び「中小企業会計基準」の制定により計算書類の適正性・正確性が担保され，中小企業の計算書類に対する信頼性が高まれば，今後，融資実務において，個人連帯保証を条件としない可能性が出てくる。

　会計参与は，会計監査人を設置しない小規模会社の計算書類の適正性・正確性への信頼を確保するために導入された機関である。つまり，会社が融資を受けたり，出資を受けたりする場面で，計算書類の適正性・正確性が担保されることにより，資金調達をスムーズに進めることが可能となる。

　反面，会計参与は，会社及び第三者に対する責任は，社外取締役と同様であり，株主代表訴訟の対象ともなる。こと計算書類の虚偽記載に関しては，社外取締役よりも容易に責任が認定される可能性が高い。それだけ責任が重いということである。

第2章　会社の機関

❖　中小企業会計基準によって影響を受ける項目

内容	中小企業会計基準で想定される経理処理	影響
不良在庫	販売見込みや利用価値の低い在庫については評価損を計上	中小企業の場合、不良在庫がそのまま計上されている例が多い
不良債権	回収不能額は損失に計上する	中小企業の場合、不良債権がそのまま計上されている例が多い。また、回収不能の判断基準も税法よりシビア
有価証券	時価が著しく下落（50％以上）した場合には評価損を計上	税法では損金算入できなくても損失計上しなければならない
有形固定資産	正しく減価償却をするほか、時価や使用価値が低下したものは評価損を計上する	利益が出なくても減価償却をしなければならない。また、税法では損金算入できなくても損失計上しなければならない
ゴルフ会員権	時価が著しく下落した場合、評価損を計上	税法では損金算入できなくても損失計上しなければならない
繰延資産	将来の収益効果が明確でないものは資産計上してはならない	開発費や試験研究費などが計上されている会社が見受けられるが、よほど具体性がない限り資産計上は認められないだろう
賞与引当金	翌期に支払う賞与のうち、当期負担分はまだ払っていなくても引当金として計上する	支給対象期間などに応じて計上する
退職給付引当金	退職金規程による自己都合要支給額の100％を負債の部に計上しなければならない	税法では計上が認めれらなくなったが、会計上は計上しなければならない
税効果会計	適用しなければならない	中小企業ではほとんど利用されていない

※　会計参与設置会社では実務上、中小企業会計基準に従って経理処理をすることが要求されることになるだろう。従来の税務会計中心の考え方は改める必要がある。

(2) 会計参与の選解任

① 選　任

会計参与は，株主総会決議の普通決議によって選任する（新会社法329条1項）。取締役と同様，普通決議であるが，定款で定足数を3分の1未満にすることはできない（新会社法341条）。

会計参与の欠員が生じた場合または会計参与の員数が欠けた場合に備えて補欠会計参与を選任することができる（新会社法329条2項）。

② 解　任

会計参与は，取締役と同様に，株主総会の普通決議によって解任することができる（新会社法339条2項7号）。選任の場合と同様，普通決議であるが，定款で定足数を3分の1未満にすることはできない（新会社法341条）。

解任の訴えは取締役と同様に認められている（新会社法854条）。

(3) 会計参与の資格

① 資　格

会計参与は，公認会計士・監査法人または税理士・税理士法人でなければならない（新会社法333条1項）。

② 兼職の禁止

会計参与は，(a)取締役，監査役，執行役，支配人その他の使用人，(b)子会社の取締役，監査役，執行役，支配人その他の使用人，(c)親会社の会計参与を兼任できない（新会社法335条2項，333条3項1号）。

顧問税理士・顧問会計士との兼職は禁止されていない。

会計監査人を設置している会社が会計参与を設置することも可能である。

(4) 会計参与の任期

会計参与の任期は，取締役と同様に原則2年（委員会設置会社では1年。定款で短縮可能）である（新会社法334条1項，332条1項）。委員会設置会社

を除く株式譲渡制限会社では，定款によって最長10年に伸長することができる（新会社法334条1項，332条2項）。

(5) 会計参与の職務権限

会計参与の主な職務権限は，以下のとおりである。

(a) 取締役・執行役と共同して計算書類を作成し，会計参与報告書を作成する（新会社法374条1項6項）
(b) 株主総会における計算書類の説明義務（新会社法314条）
(c) 計算書類の備え置き，株主及び債権者への開示（新会社法378条1項2項）
(d) 会計帳簿またはこれに関する資料の閲覧・謄写請求権（新会社法374条2項）
(e) 会社もしくはその子会社の業務及び財産状況調査権（新会社法374条3項）
(f) 計算書類承認の取締役会出席義務及び必要と認めるときの意見陳述義務（新会社法376条1項）
(g) 計算書類の作成について取締役・執行役と意見を異にした場合の株主総会における意見陳述権（新会社法377条）

(6) 会計参与の報酬等

会計参与の報酬等は，定款にその額を定めていないときは，株主総会決議によって定める（新会社法379条1項）。会計参与が2人以上いる場合において，各会計参与の報酬等についての定款の定めまたは株主総会の決議がないときは，定款または株主総会で定められた報酬等の範囲内で，会計参与の協議によって定める（新会社法387条2項）。

報酬等に該当しない職務執行に関する費用は，会社に請求可能である（新会社法380条）。

(7) 会計参与設置に関する留意事項

会計参与としては税理士の活躍が期待されている。しかし，顧問税理士を会計参与とする場合には留意が必要である。まず，顧問税理士業務が会社と役員との利益相反取引に該当する可能性があるので，取締役会（取締役会非設置会社は株主総会）での承認が必要となる。さらに，顧問税理士の業務と会計参与の業務上の相反行為が生じるケースがある。つまり，顧問税理士としては会社の税額を低く抑えるような経理処理をすることが職務上求められるが，これが会計参与の業務としての適正な計算書類の作成義務と相反する場合が考えられるのだ。できることならば，会計参与は顧問税理士以外の税理士に就任を依頼したいところである。

8 監査役

(1) 監査役の選解任

① 選任

監査役は，株主総会決議の普通決議によって選任する（新会社法329条1項）。取締役・会計参与と同様，普通決議であるが，定款で定足数を3分の1未満にすることはできない（新会社法341条）。

監査役の欠員が生じた場合または監査役の員数が欠けた場合に備えて補欠監査役を選任することができる（新会社法329条2項）。旧商法では規定はなかったが，登記実務上認められていた制度を追認したものである。

② 解任

監査役の解任は，取締役・会計参与と異なり，株主総会決議の特別決議によって解任する（新会社法309条2項7号）。

解任の訴えは取締役・会計参与と同様に認められている（新会社法854条）。

③ 監査役選解任議案の株主総会への上程

取締役が監査役選任または解任議案を株主総会に上程するには，監査役（2人以上の場合は過半数）または監査役会の同意が必要である（新会社法343条1項3項）。監査役は，取締役に対し，監査役の選任または解任議案を株主総会に上程することを請求できる（新会社法343条2項）。

(2) 監査役の資格

① 欠格事由

取締役と同様の欠格事由が定められ，破産者は欠格事由でなくなり，公開会社では監査役を株主に限る旨の定款の定めは認められない（新会社法335条1項）。

② 兼任の禁止

監査役は，(a)取締役，会計参与（会計参与が法人であるときは，その職務を行うべき社員），支配人その他の使用人，(b)子会社の取締役，会計参与（会計参与が法人であるときは，その職務を行うべき社員），支配人その他の使用人，執行役，(c)親会社の会計参与を兼任できない（新会社法335条2項，333条3項1号）。

(3) 監査役の任期

① 旧商法・旧有限会社法

旧商法では，株式会社における監査役の任期は原則4年で，設立当初の監査役は1年とされていた（旧商法273条1項2項）のに対し，旧有限会社法では，有限会社における監査役の任期の定めはなく，無期限とされていた。

② 新会社法

監査役の任期は原則4年としつつ（定款で短縮はできない），株式譲渡制限会社においては，定款で定めることにより，最長10年まで伸長することが可能となった（新会社法332条）。設立当初の監査役も4年となった。

なお，株式譲渡制限会社から公開会社へ移行した場合，監査役は強制的に任

期満了で退任することになる（新会社法336条4項4号）。ベンチャー企業は，株式上場（IPO）をする直近の株主総会で，株式の譲渡制限を外す定款変更をして公開会社となり，その時点で監査役は任期満了で退任することになるので，改めて監査役の選任を要することになる。

(4) 監査役の権限

① 会計監査権限と業務監査権限

会計監査権限とは，取締役が株主総会に提出しようとする会計に関する議案，書類その他の法務省令で定めるものを調査し，その調査結果を株主総会に報告する権利（新会社法384条）のことである。

業務監査権限とは，会計監査を除いた権利・義務であり，具体的には以下の権利・義務が代表的である。

(a) 取締役等に事業の報告を求め，業務及び財産の状況を調査する権利（新会社法381条2項）

(b) 子会社に対して事業の報告を求め，子会社の業務及び財産の状況を調査する権利（新会社法381条3項）

(c) 取締役会に出席し意見を述べる権利・義務（新会社法383条1項）

(d) 取締役が不正の行為をし，もしくは当該行為をするおそれがあると認めるとき，または法令・定款に違反する事実もしくは著しく不当な事実があると認めるときに取締役（会）に報告し，必要と認めるときは取締役会の招集を請求する権利・義務

(e) 取締役の違法行為差止請求権（新会社法385条）

② 旧商法，旧有限会社法及び旧商法特例法

❖ 旧商法等における監査役の権限

会社の規模による分類	監査役の権限
大会社	業務監査権限＋会計監査権限（旧商法274条）
中会社	
小会社	会計監査権限のみ
有限会社	（旧商法特例法22条，25条，旧有限会社法33条ノ2）

③ 新会社法

監査役の権限強化のため，会計監査権限と業務監査権限の双方を有することを原則（新会社法381条1項）とし，例外的に以下のとおり，譲渡制限中小会社の一部において，定款で会計監査権のみを認めることを可能とした。

❖ 新会社法における監査役の権限

会社の規模による分類＼公開非公開	公開会社	株式譲渡制限会社
大会社	業務監査権限＋会計監査権限	業務監査権限＋会計監査権限
中小会社	業務監査権限＋会計監査権限	業務監査権限＋会計監査権限（監査役会設置会社及び会計監査人設置会社以外の会社は，定款で会計監査権限に限定可能。新会社法389条1項・4項～7項）

④ 会計監査権限に限定した場合の制度

監査役の権限を会計監査権限に限定した会社（監査役非設置会社も同様）は，その分，ガバナンスが向上されるべきであるため，株主の権限が強化され，株主が監督するのに都合のよい権利ないし措置が規定されている。具体的には，

以下のとおりである。

(a) 株主に裁判所の許可不要な取締役会議事録閲覧・謄写請求権（新会社法371条2項）

(b) 取締役が会社の目的外行為をし，またはそのような行為をするおそれがある場合の取締役会招集請求権・招集権（新会社法367条1項3項）

(c) 自己の請求または招集により開催された取締役会における出席・意見陳述権（新会社法367条4項）。

(d) 定款に基づく取締役の過半数の同意（取締役会設置会社においては取締役会決議）による取締役等の責任一部免除制度は適用されない（新会社法426条1項）。

(e) 取締役は，株式会社に著しい損害を及ぼすおそれのある事実があることを発見したときは，直ちに，当該事実を株主に報告しなければならない（新会社法357条）。

(f) 株主による取締役の行為の差止請求につき，要件を監査役が行うのと同様の要件に緩和する（新会社法360条）。

これらの権利ないし措置は，株主に強大な権限を与えるものであり，オーナー社長が経営する場合等は特に問題はないし，上場企業等の子会社の場合は逆に望ましい制度であるが，ベンチャー企業が，ベンチャーキャピタル等の出資を受け入れる段階では，株主の権限がより限定されている会計監査に限定された監査役でない業務監査も行う監査役が設置された監査役設置会社を選択すべきであろう。

(5) 監査役の報酬等

監査役の報酬等は，定款にその額を定めていないときは，株主総会決議によって定める（新会社法387条1項）。監査役が2人以上いる場合において，各監査役の報酬等についての定款の定めまたは株主総会の決議がないときは，定款または株主総会で定められた報酬等の範囲内で，監査役の協議によって定める（新会社法387条2項）。

第2章　会社の機関

監査役は，会社に対し，報酬等に該当しない職務執行に関する費用を請求することができる（新会社法388条）。

(6) 監査役会

① 構成員

監査役会設置会社においては，監査役は，3人以上で，その半数以上は社外監査役でなければならない（新会社法335条3項）。社外監査役とは，過去に当該株式会社またはその子会社の取締役，会計参与（会計参与が法人であるときは，その職務を行うべき社員），執行役，支配人その他使用人となったことがない監査役である（新会社法2条16号）。社外監査役は，監査役会設置会社以外でも任意で設置することは可能である。監査役会設置会社または社外監査役につき責任限定契約を締結することができる旨の定款規定がある会社における社外監査役は，社外監査役である旨登記しなければならない（新会社法911条3項26号）。

監査役会は，監査役の中から常勤の監査役を選定しなければならない（新会社法390条3項）。

なお，ベンチャー企業においては，株式上場（IPO）審査上，監査役監査を機能させるため，常勤監査役1名を含む複数名の監査役の選任が求められる。

② 運営

監査役会は，各監査役が招集することができ（新会社法391条），監査役会の1週間（定款で短縮可能）前までに各監査役に招集通知を発しなければならないが，監査役全員の同意があるときは，招集手続を省略することができる（新会社法392条）。

監査役会の決議は，監査役の過半数で行い（新会社法303条1項），監査役会議事録を書面または電磁的記録をもって作成し，出席監査役は，書面については署名または記名押印し，電磁的記録については法務省令で定める署名または記名押印に代わる措置を採らなければならない（新会社法393条2項3項）。

取締役会決議で導入された書面決議は，監査役会決議では導入されていない。

(7) 株式上場（IPO）をする場合の監査役

アーリーステージのベンチャー企業では，監査役に支払う報酬の捻出も大変な場合があり，配偶者や親類を名目的に監査役としているケースがよく見受けられる。しかし，株式上場をする場合はこれを改めなければならない。例えば，ジャスダックの場合，同族監査役は認められないし，他市場でも同様である。そのほかにも監査役の人選に当たっては留意すべき事項がある。

いずれにしても，コーポレート・ガバナンスの強化が叫ばれているご時勢でもあるので，株式上場（IPO）が見えてきたらしっかりと監査してもらう心積もりで監査役の人選をしておくぐらいの心がまえが大事であろう。

❖ 上場時の監査役に関するジャスダックの審査基準

項　目	内　容
人　数	最低2名以上であること
勤務形態	常勤監査役が最低1名以上であること
同族関係	取締役または執行役の配偶者並びに二親等以内の血族または姻族でないこと
親会社との関係	常勤監査役が親会社の役員でないこと

9 会計監査人

(1) 会計監査人の設置

① 旧商法特例法

大会社は，監査役のほかに会計監査を職務とする会計監査人の監査を受けなければならず（旧商法特例法2条1項），資本の額が1億円を超えるみなし大会社は定款をもって会計監査人の監査を受けることができた（旧商法特例法2

条2項)。

② 新会社法

大会社は，旧商法特例法と同様，会計監査人を設置しなければならない（新会社法328条1項）。委員会設置会社は大会社であるか否かに関わらず，会計監査人を設置しなければならない（新会社法327条5項）。

委員会設置会社以外の中小会社も任意で会計監査人を設置することができるが，その場合には，併せて監査役を設置しなければならない（新会社法327条3項）。

なお，会計監査人設置会社である旨及び会計監査人の氏名または名称が登記事項とされた（新会社法911条3項19号）。

③ ベンチャー企業における会計監査

会計監査には，新会社法による監査と証券取引法による監査の2種類があるが，株式上場（IPO）のための会計監査では，証券取引法に基づく監査を受ける必要がある。

新興3市場（東証マザーズ，大証ヘラクレス，ジャスダック）でいえば，監査対象期間は直前二事業年度が必要であるため，上場申請直前事業年度末の2年前には監査法人（公認会計士）に会計監査を依頼して，証券取引法による監査を受ける必要がある。

証券取引法による監査法人（公認会計士）の監査は，株式上場（IPO）をするすべての会社が受けなければならないのに対し，新会社法の規定による監査は大会社に該当しない限り受けなくてよい（ただし，中小会社でも機関設計上，任意に会計監査人を設置した場合には新会社法の規定による監査を受けなければならない）。

※ 株式上場（IPO）準備会社の監査の関係

	大会社	中小会社で会計監査人を設置した会社	それ以外の会社
証券取引法に基づく監査	必要	必要	必要
新会社法に基づく監査	必要	必要	不要

(2) 会計監査人の選解任

① 選任

監査役は，株主総会決議の普通決議によって選任する（新会社法329条1項）。取締役・会計参与・監査役と異なり，定款で定足数を排除可能な通常の普通決議である（新会社法341条）。

補欠会計監査人の選任はできない（新会社法329条2項は「役員」のみを規定している）。

② 解任

会計監査人は，株主総会決議の普通決議によって解任することができる（新会社法339条1項）。

監査役は，会計監査人が，(a)職務上の義務に違反し，または職務を怠ったとき，(b)会計監査人としてふさわしくない非行があったとき，(c)心身の故障のため，職務の執行に支障があり，またはこれに堪えないときは，その会計監査人を解任することができる（新会社法340条1項）。

解任の訴えは，役員と異なり認められていない（新会社法854条は「役員」のみを規定している）。

③ 会計監査人選解任議案の株主総会への上程

取締役が会計監査人選任議案または解任を株主総会に上程するには，監査役（2人以上の場合は過半数）または監査役会の同意が必要である（新会社法344条1項1号）。監査役は，取締役に対し，会計監査人の選任議案または解任を

株主総会に上程することを請求できる（新会社法344条2項）。

(3) 会計監査人の資格

会計監査人は，公認会計士または監査法人でなければならない（新会社法337条1項）。

(4) 会計監査人の任期

会計監査人の任期は旧商法特例法と同様に1年であるが，株主総会で別段の決議がされなかったときは再任されたものとみなされる（新会社法338条1項2項）。

(5) 会計監査人の報酬等

会計監査人の報酬等は，役員と異なり，監査役（監査役が2人以上いる場合にあっては，その過半数）または監査役会の同意を得て，取締役（会）が決定する（新会社法399条1項2項）。

新会社法では，会計監査人の取締役からの独立性を強化するため，監査役または監査役会の同意が要求されているのである。

3 資金調達

1 増資①（普通株式の新規発行）

(1) 総論

　資金需要の旺盛なベンチャー企業が資金調達をする際に最も多く採られるのが，増資である。特に事業提携先やベンチャーキャピタルなどに増資を引き受けてもらうのは，ベンチャー企業の資金調達の王道ともいえる。

　ちなみに新会社法では，新株発行という表現から「募集株式の発行」（新会社法199条以下）という表現に改正された。これは，自己株式を譲渡して資金調達する手続と，新株式を発行して資金調達をする手続を統合したためである。

(2) 株式譲渡制限会社の増資手続

① 決議の方法

　株式譲渡制限会社では，原則的にすべての増資が株主総会（特別決議）で決議される（新会社法199条2項，309条2項5号）。例外的に，株主割当増資

を取締役（会）で決定できる旨の定款の規定がある株式会社が，定款の規定に従って株主割当増資をする場合に限って取締役会で決議できる（新会社法202条3項1号2号）。

なお，旧商法では第三者割当の承認決議と有利発行の承認決議は別個の手続とされていたが，新会社法では手続が統合され，ひとつの決議で第三者割当による有利発行決議もできるようになった（新会社法199条3項）。

② 決議事項

新株発行に当たっては，株主総会で以下の事項を決定する（新会社法199条1項）。

(a) 新たに発行する株式の数
(b) 払込金額またはその算定方法
(c) 金銭以外の財産を出資する場合にはその旨及び財産の内容と価額
(d) 払込日または払込期間
(e) 増加する資本金及び資本準備金

ただし，株主総会において発行する株式数の上限と払込金額の下限を定めることを条件に，上記事項の決定を取締役会に委任することもできる（新会社法200条1項）。この場合，その株主総会で決定された条件は1年間有効である（新会社法200条3項）。したがって，株主総会で発行する株式の上限と払込金額の下限を定めておけば，株式譲渡制限会社であってもその範囲内であれば1年間は取締役会のみで増資ができることになる。このようにしておけば迅速な資金調達が可能となるので，ベンチャー企業にとっては使い勝手がよい。

また，有利発行を行う場合には，上記に加えて取締役が株主総会にて有利発行を必要とする理由を説明しなければならない（新会社法199条3項）。有利発行とは，適正な価格を下回る株価で行われる増資で，既存株主の株式の価値を薄めてしまうような増資をいう（これを「希薄化」または「ダイリュージョン」という）。

なお，旧商法では現実の払込日ではなく，払込期日の翌日に株主となるとされていたが（旧商法280条ノ9第1項），新会社法では，払込期間を定めてそ

第3章 資金調達

①	株価	1,000円
②	発行済株式数	100万株
③	時価総額（①×②）	10億円

1株当たり500円で100万株増資をすると……

	増資前	増資後
③ 発行済株式数	100万株	200万株
④ 時価総額	10億円	15億円
⑤ 株価（④÷③）	1,000円	750円

株の価値が1,000円から750円に下がる！

の払込期間内に払い込みがされた場合には，払込日から株主となることとされた（新会社法209条，199条1項4号）。払込期間という概念は，新会社法で新たに定められた制度で，増資に当たって払込期日を定めた場合には従前どおり払込期日の翌日に株主となる。

③ 株式の申込と割当

旧商法では，新株発行時に割当先も決定しなければならなかった（旧商法280条ノ2第1項9号）。しかし，新会社法では増資決議を行った後に，別途割当を行うことができるようになった。したがって，増資決議を行った後の株式申込の状況を勘案しながら申込株式数を減らすことができるようになる。人気ベンチャー企業の場合，新株発行決議をしたものの，新株の引受者が多くなるケースもあり，こうした場合に新株発行事務を円滑に行うことができるようになる。

なお，申込の際に会社が申込者に通知すべき事項は以下のとおりである（新会社法203条1項）。

(a)　会社の商号

(b)　募集事項（②決議事項参照）

(c)　払込取扱金融機関

(d)　その他法務省令で定める事項

　また，申込者が申込書に記載すべき事項は以下のとおりである（新会社法203条2項）。

(a)　申込者の住所・氏名（名称）

(b)　引受希望株式数

　なお，株式申込書は原則として書面でなければならず，例外的に会社が認めた場合に限って電磁的方法による意思表示が認められる（新会社法203条3項）。

株式申込証（サンプル）

株式申込証

株式会社●●●新株式
普通株式　　●●●株
この申込証拠金　金●●●円也（1株につき，金●●円）

　上記株式を貴社定款及び本申込証記載の事項を承認のうえ引き受けたく申し込みます。

1. 申込証拠金は払込金に充当する。
2. 申込証拠金には利息をつけない。
3. 申込期限　平成●年●月●日

平成●年●月●日

　　　　　　　　　住　　　所　　●●県××市△△町●番地
　　　　　　　　　株式申込人　　□□□株式会社
　　　　　　　　　代表取締役　　□□□

　　　　　　　　株式会社●●●御中

1. 商　　号　　　　　　　　　株式会社●●●
2. 会社が発行する株式の総数　　●●株
3. 発行済株式の種類及び数　　　普通株式●●株
4. 資 本 の 額　　　　　　　　金●●万円
5. 新株の種類及び数　　　　　　普通株式●●株
6. 新株の発行価額　　　　　　　1株につき金●●円
7. 発行価額中資本に組入れない額　1株につき金●●円
8. 割 当 方 法　　　　　　　　第三者割当
9. 株式の譲渡制限　　当会社の株式を譲渡するには取締役会の承認を受けなければならない。
10. 払込を取り扱う金融機関及び場所
　　　　（所在地）●●県××市
　　　　（名　称）●●銀行　××支店
11. 申 込 期 日　　平成●年●月●日（水曜日）
12. 払 込 期 間　　自　平成●年●月●日（木曜日）
　　　　　　　　　至　平成●年●月●日（水曜日）

④ 増資の手続

❖ 第三者割当増資

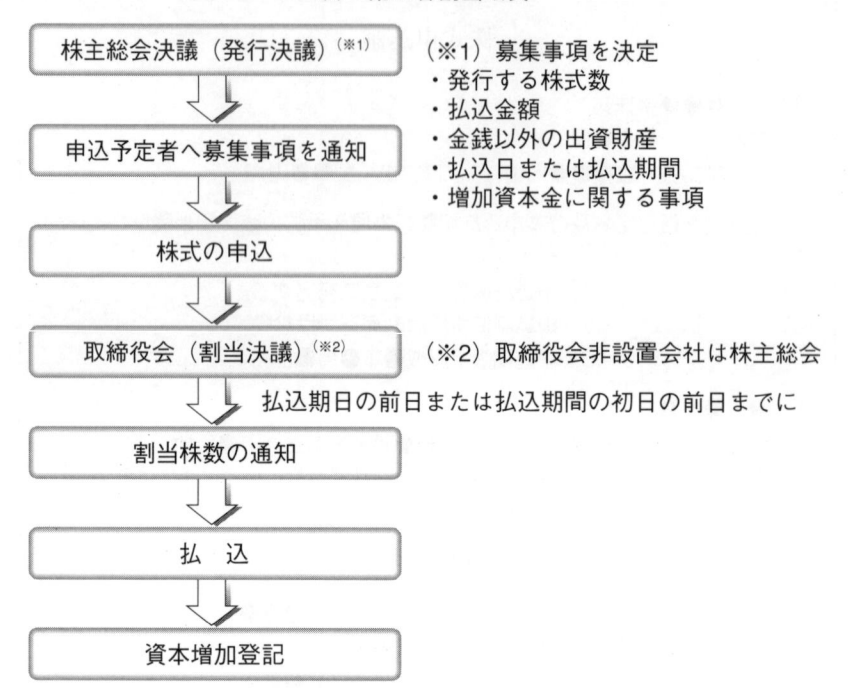

```
┌─────────────────────────┐
│ 株主総会決議（発行決議）(※1) │      （※1）募集事項を決定
└─────────────────────────┘           ・発行する株式数
            ↓                          ・払込金額
┌─────────────────────────┐           ・金銭以外の出資財産
│ 申込予定者へ募集事項を通知  │           ・払込日または払込期間
└─────────────────────────┘           ・増加資本金に関する事項
            ↓
┌─────────────────────────┐
│      株式の申込          │
└─────────────────────────┘
            ↓
┌─────────────────────────┐
│  取締役会（割当決議）(※2)  │      （※2）取締役会非設置会社は株主総会
└─────────────────────────┘
            ↓          払込期日の前日または払込期間の初日の前日までに
┌─────────────────────────┐
│     割当株数の通知       │
└─────────────────────────┘
            ↓
┌─────────────────────────┐
│        払　込           │
└─────────────────────────┘
            ↓
┌─────────────────────────┐
│      資本増加登記        │
└─────────────────────────┘
```

第3章 資金調達

❖ 募集事項の決定を取締役会に委任する場合

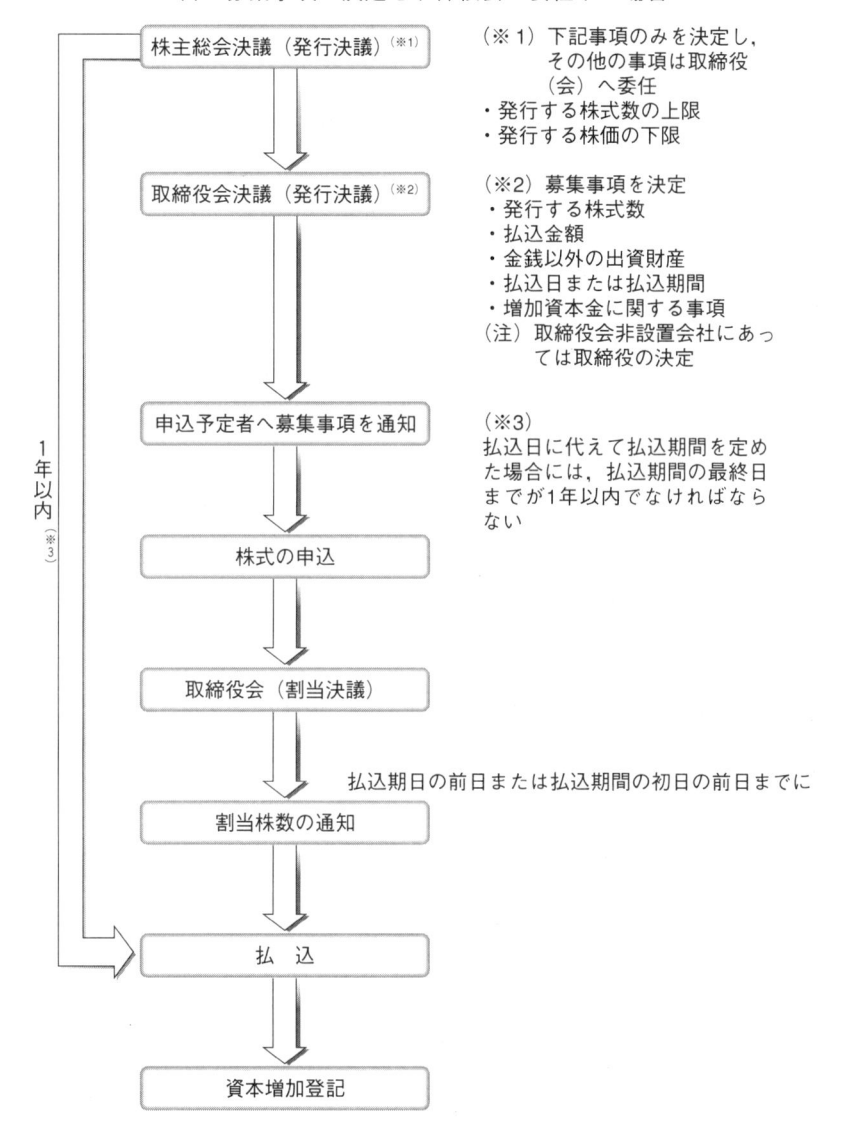

```
┌─→ 株主総会決議（発行決議）(※1)
│         ↓
│    取締役会決議（発行決議）(※2)
│         ↓
│    申込予定者へ募集事項を通知
│         ↓
│        株式の申込
│         ↓
│    取締役会（割当決議）
│         ↓
│       割当株数の通知
│         ↓
└─→     払　込
          ↓
        資本増加登記
```

1年以内 (※3)

(※1) 下記事項のみを決定し、その他の事項は取締役（会）へ委任
・発行する株式数の上限
・発行する株価の下限

(※2) 募集事項を決定
・発行する株式数
・払込金額
・金銭以外の出資財産
・払込日または払込期間
・増加資本金に関する事項
（注）取締役会非設置会社にあっては取締役の決定

(※3) 払込日に代えて払込期間を定めた場合には、払込期間の最終日までが1年以内でなければならない

割当株数の通知：払込期日の前日または払込期間の初日の前日までに

❖ 株主割当増資

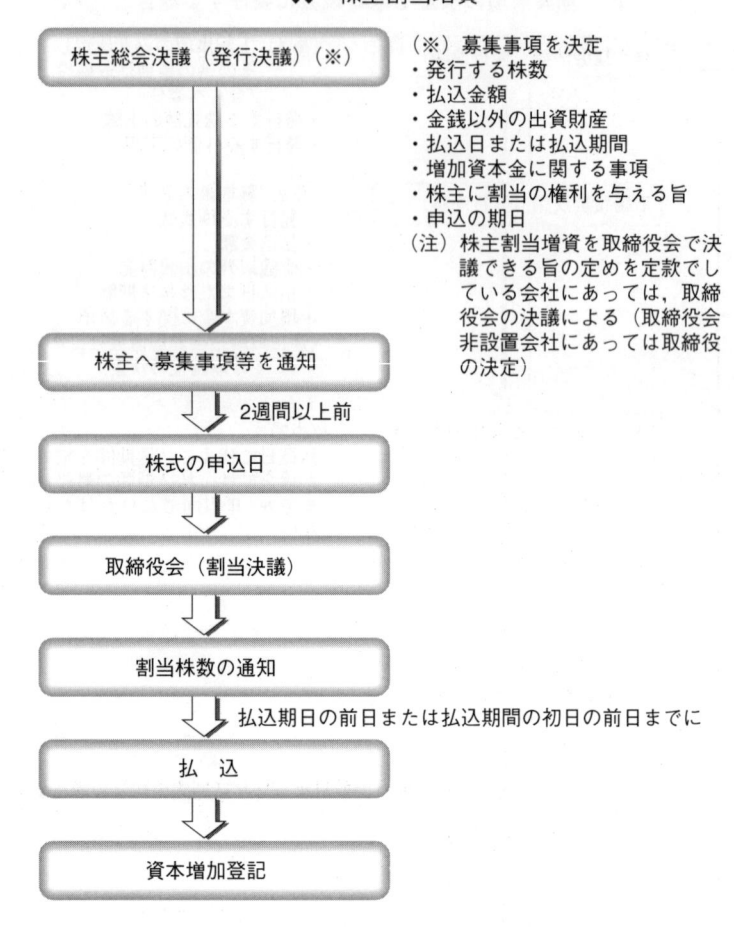

```
┌─────────────────────────┐
│  株主総会決議（発行決議）（※）  │
└─────────────────────────┘
              ↓
┌─────────────────────────┐
│    株主へ募集事項等を通知       │
└─────────────────────────┘
              ↓ 2週間以上前
┌─────────────────────────┐
│       株式の申込日            │
└─────────────────────────┘
              ↓
┌─────────────────────────┐
│    取締役会（割当決議）         │
└─────────────────────────┘
              ↓
┌─────────────────────────┐
│     割当株数の通知            │
└─────────────────────────┘
              ↓ 払込期日の前日または払込期間の初日の前日までに
┌─────────────────────────┐
│         払　込              │
└─────────────────────────┘
              ↓
┌─────────────────────────┐
│       資本増加登記           │
└─────────────────────────┘
```

(※) 募集事項を決定
- 発行する株数
- 払込金額
- 金銭以外の出資財産
- 払込日または払込期間
- 増加資本金に関する事項
- 株主に割当の権利を与える旨
- 申込の期日

(注) 株主割当増資を取締役会で決議できる旨の定めを定款でしている会社にあっては，取締役会の決議による（取締役会非設置会社にあっては取締役の決定）

(3) 公開会社の増資手続

公開会社では，有利発行に該当する場合を除き，取締役会で決議される（新会社法201条）。

(4) 新株発行の差止請求と新株発行無効の訴え

新株発行（または自己株式の処分）が法令・定款に違反して行おうとしている場合や著しく不公正な方法で行おうとしている場合は，株主が会社に差止を請求することができる（新会社法210条）。自己株式処分についても明文化された。

また，それでも会社が新株発行（または自己株式処分）を強行した場合には，公開会社では新株発行日（または自己株式処分日）から6ヶ月以内に，株式譲渡制限会社では1年以内に裁判所に訴えることによって無効を主張することができる（新会社法828条1項2号3号）。

新株発行の差止請求が新株発行（または自己株式処分）前の事前阻止手続であるのに対し，新株発行無効の訴えは新株発行（または自己株式処分）が行われてしまった後の事後の救済手続である。

新株発行の差止請求の実効性を確保するためには，判決まで時間のかかる訴訟ではなく，訴訟よりも迅速な手続である新株発行禁止の仮処分を申し立てるのが通常である。

新株予約権発行の場合も同様である（新会社法247条）。

(5) 増加資本金の額

新会社法でも，新株式を発行したときの発行額の2分の1以下であれば，資本金に組み入れないことができる（新会社法445条2項）。大したことがないように思われるかもしれないが，増資の際に資本組入額を決定するのは重要である。

例えば，増資の際に登録免許税は資本組入額をもとに課税される。1億円の

増資をする際に全部を資本金とすると，70万円（0.7%）の登録免許税がかかるが，半分の5,000万円のみを資本金として，残りを資本準備金とすれば登録免許税は半分の35万円で済む。

　このほか，資本金の小さい会社は税制上のメリットもある。一例をあげれば資本金が1億円以下の会社であれば法人税率（資本金1億円超の会社では一律30%であるが，資本金1億円以下の会社は課税所得800万円以下の部分の税率が22%となっている）が低く抑えられる。また，資本金1億円以下の会社では，適用を受けられる税額控除や所得控除の種類が多い。さらに，新設会社で資本金が1,000万円未満の会社は，設立2期目まで消費税の納税義務がない免税業者を選択することができる。

※ 資本金が小さい会社の主なメリット

資本金の額	メリット
5億円未満	会計監査人，監査役会を設置するコストが不要
1億円以下	① 軽減税率制度の適用を受けられる 	課税所得	法人税率 | 	---	--- | 	800万円超	30% 30% | 	800万円以下	30% 22% | （※）上段が資本金1億円超の会社で，下段が資本金1億円以下の会社の税率 ② 400万円までの交際費の90%が経費で落ちる ③ 税額控除や所得控除など受けられる控除の種類が多い
1,000万円未満	設立後2期目までは消費税の免税業者を選択できる

(6) 増資に関するその他の留意事項

　企業にとっては資金調達できる金額が多ければ多いほどありがたい。しかし，多額の資金調達をすることはそれだけ責任が重いことでもある。そのため，一定額以上の増資を行う際には証券取引法に基づく規制も受ける。例えば，私募増資であっても1億円以上の増資をするのであれば，財務局に有価証券通知書を提出しなければならなくなる。有価証券通知書の記載事項はそれほど膨大でもないし，公認会計士の監査も不要である。しかし，こういった事務手続を失念して上場できなかった例もあるので，注意が必要である。

❖ 証券取引法の規制

区分	発行（売出）価額の総額		
	1,000万円以下	1,000万円超～1億円未満	1億円以上
募集（※）	開示不要	有価証券通知書	有価証券届出書（監査法人の監査が必要）
私募（※）	開示不要		有価証券通知書

※　募集とは50名以上の者を相手方として，有価証券の取得の勧誘を行うこと。実際に取得をしたかどうかではなく，「勧誘」した人数が50名以上であるかどうかが判断基準となる。私募とは勧誘した人数が50名未満の場合をいう。

【書式】 有価証券通知書(サンプル)

【表　　　紙】

【提 出 書 類】　　　有価証券通知書
【根 拠 条 文】　　　企業内容等の開示に関する内閣府令第6条
【提　出　先】　　　●●財務(支)局長
【提　出　日】　　　平成●●年●●月●●日
【会　社　名】　　　株式会社●●●
【代表者の役職氏名】　●●　●●
【本店の所在の場所】　●●県●●市……
【電　話　番　号】　　●●●―●●●―●●●●
【事務連絡者氏名】　　●●　●●
【最寄りの連絡場所】　●●県●●市……
【電　話　番　号】　　●●●―●●●―●●●●
【事務連絡者氏名】　　●●　●●

1【新規発行(売出)有価証券】

銘　柄	種　類	発行(売出)数	発行(売出)価額の総額(円)	資本組入額の総額(円)
株式会社●●●	普通株式	●●●株	●●●●●	●●●●●

(注)平成●●年●月●日取締役会決議及び平成●●年●月●日臨時株主総会決議

2【有価証券の募集(売出し)の方法及び条件】
　　　該当なし

3【有価証券の引受けの概要】
　　　該当なし

4【過去1年以内における募集又は売出し】
　　　該当なし

5【募集によらないで取得される新規発行株式の発行方法】

種類	発行数	発行価格 (円)	資本組入額 (円)	新規発行株式を取得しようとする者の氏名または名称
普通株式	●●●株	●●●●	●●●●	●●●ベンチャーズ㈱
普通株式	●●●	●●●●	●●●●	㈱××企業投資
普通株式	●●●	●●●●	●●●●	凸凹インベストメント㈱

(7) 一度に多額の資金調達は考えもの

　資金需要が旺盛なベンチャー企業からすれば，少しでも多くの資金が欲しいはず。しかし，一度に多額の資金調達をするとそれだけ多くの株式を発行しなければならなくなる。つまり，創業者である自分の持株比率が下がってしまうという弊害があるのだ。資金需要を分散することによって，一度に多額の資金調達をするのではなく，少しずつ増資をする方がかえって投資家の信頼を得ることにつながっていくし，自分の持株比率を下げなくてすむことにつながるのである。つまり，業績が上向いていけば，それだけ高い株価をつけてくれる投資家が現れるので，同じ額の資金調達をするのでも少ない株数を発行すればよいのだ。

　資金調達ができても，株式上場（IPO）を果たしたときに持株比率が低くては，キャピタルゲインが少なくなり，上場をしても喜びが半減してしまう。

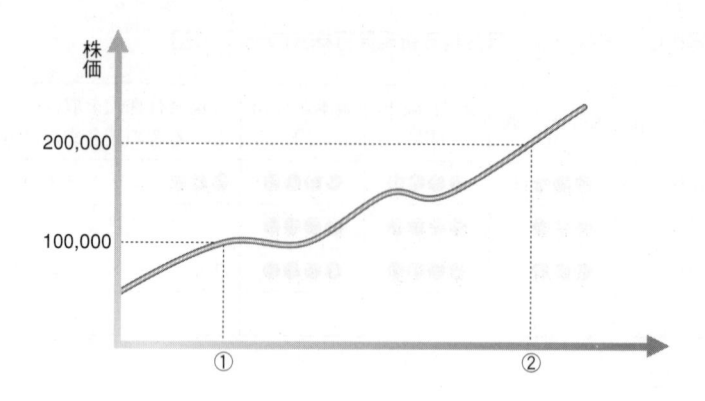

【ケース1】

①の時点で1億円を調達した場合

株主	増資前		増資	増資後	
	株数	比率	株数	株数	比率
社長	1,500株	75%		1,500株	50%
従業員	500株	25%		500株	16.7%
VC	0株	0%	1,000株※	1,000株	33.3%
合計	2,000株	100%	1,000株	3,000株	100%

※ 100,000,000÷100,000円/株=1,000株

【ケース2】

1億円を①, ②で半分ずつ調達した場合

株主	増資前		増資①	増資②	増資後	
	株数	比率	株数	株数	株数	比率
社長	1,500株	75%			1,500株	54.5%
従業員	500株	25%			500株	18.2%
VC	0株	0%	500株※1	250株※2	750株	27.3%
合計	2,000株	100%	500株	250株	2,750株	100%

※1 50,000,000÷100,000円/株=500株
※2 50,000,000÷200,000円/株=250株

(8) 株式上場（IPO）の際の留意事項

上場間近のベンチャー企業が増資をしようとすると，取引先や投資家，従業員などが群がるように増資に応じたがる。皆莫大なキャピタルゲインを夢見ているのである。しかし，上場直前の増資は会社法の規定に則っているだけでは不十分である。

新興3市場では短期の投機的な株式の売買が，上場後の株価形成に悪影響を与えるとして，株式上場前の資本異動について規制を加えている。

まず，上場前2年間の増資や譲渡については上場時に開示することになっている。また，上場直前事業年度末から1年以内に新株発行を行っている場合には，上場後6ヶ月か，株式発行日から1年間を経過するときのいずれか遅い方までは株式を売却できないことになっている（ロックアップという）。さらに，これを確約書として提出しなければならない。

短期間に莫大な利益を得ようとしても，少しの我慢が必要だ。

2 増資②（種類株式の発行）

(1) 総論

ベンチャーキャピタルから資金調達をする際には，通常，会社側とベンチャーキャピタル側で投資契約という契約を締結する。この投資契約とはベンチャーキャピタル側が投資を受けた会社の業務遂行状況をモニタリングしたり，一定の経営監視ができるような条項が織り込まれていたり，また，万が一上場または転売が不可能となった場合に，会社もしくは代表者個人で買い戻す義務を課したりするために締結する。いわばベンチャーキャピタルにとっての安全弁でもある。しかし，この投資契約書は締結するものの，多くの場合努力目標として理解され，法的にあいまいな場合が少なくなかった。投資契約の内容を種類株式の内容として定めておくことによって，投資家と会社側の権利を法的

にクリアにすることで，投資家は投資をしやすくなり，会社側はそれによって資金調達がやりやすくなる。

また，旧商法では議決権制限株式は発行済株式総数の2分の1を超えてはならないとされていた（旧商法222条5項）が，新会社法では，株式譲渡制限会社に限ってではあるが，その制限は撤廃し，議決権制限株式が発行しやすくなった。今後もベンチャー企業が種類株式発行によって増資を行う例は増えるだろう。ただし，公開会社においては，旧商法と同様の制限が残っている（新会社法115条）ため，ベンチャー企業が，株式上場（IPO）するために株式の譲渡制限をはずし，公開会社となる際には，2分の1以下にするための必要な措置を採らなければならないことに注意を要する。

(2) 種類株式の株価

種類株式は，配当や残余財産分配，議決権などについて普通株式とは異なる株式のことである。例えば，ある種類株式については配当を普通株式の2倍にしたり，あるいは普通株式が無配であっても優先的に配当が受けられるようにしたり，取締役の選任について一定数以上の選任ができるようにしたりすることができる。また，逆に会社側からすれば，経営に関与されたくはないが，資金需要がある場合などに，議決権のない株式を発行することもできる。前者の

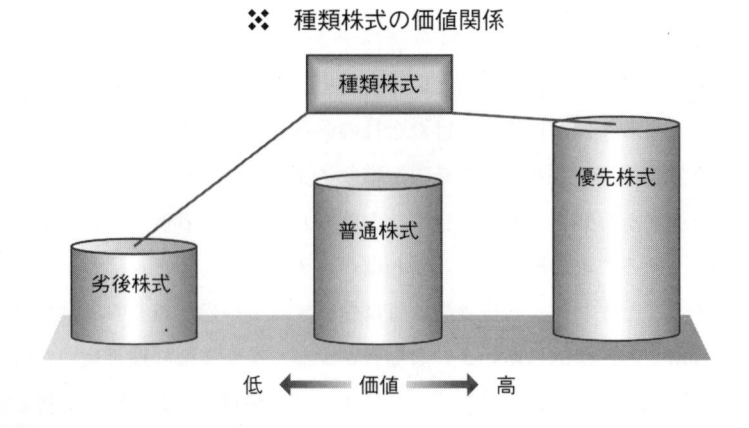

※　種類株式の価値関係

ように，株主にとって普通株式よりも有利な内容の定めがある種類株式を一般的に優先株式といい，普通株式よりも不利な内容となっている種類株式を劣後株式という。それぞれの経済的価値を比較すると，優先株式の価値は高く，劣後株式の価値は低い。

ただし，現実には，「議決権はないが残余財産分配権が普通株式の2倍ある」といった内容や，「一定の条件が満たされた場合に普通株式に強制転換される」といった内容など，優先する内容と劣後する内容とが同時に設定されていることが多いので，単純には経済的価値が比較できない場合が多い。

(3) 種類株式の内容

投資家は過去の実績の乏しいベンチャー企業に投資する際には慎重になる。そのため，種類株式の内容としては，経営監視をするために以下のような内容の制限をつけることがある。

(a) 一定額以上の投資については種類株主総会の承認を得ることとする（コントロール条項）
(b) 一定の期間については種類株式の償還請求権があるとする（償還条項）
(c) 代表取締役の選任・解任を種類株主総会決議事項とする（通常は取締役会決議事項）
(d) 倒産手続の申請を種類株主総会決議事項とする
(e) 配当，残余財産分配に関する事項（優先する内容も劣後する内容も可能）
(f) 普通株式への転換条項

(4) 種類株式のデメリット

投資家・会社側双方にメリットがある種類株式であるが，もちろんデメリットもある。まず，種類株式を発行した会社は例外なく事務負担が増える。通常の株主総会に加えて種類株主総会を開催しなければならず，この手間はベンチャー企業にとっては大変な負担となる。

また，ベンチャーキャピタルなどの投資家からの監視が厳し過ぎると，これが手かせ足かせとなって迅速な経営判断ができなくなる。ベンチャー企業が鈍足になると，成長性が鈍くなる懸念がある。

さらに，複数の種類株式を発行すると，種類株式間での権利関係が複雑になるおそれもある。

3 社 債

(1) 総 論

直接金融を想定した制度であるが，株式譲渡制限会社の場合にはほとんどが私募債として利用されている。株式上場（IPO）を目指す企業では新株予約権付社債として利用されることが多く，そうでない株式譲渡制限会社では銀行や信用金庫などの勧めで「私募債」を発行する程度である。また，増資の場合だと私募（50名未満を相手として投資を勧誘する場合）であっても1億円以上の資金調達を行うと，有価証券通知書を提出しなければならないが，社債の場合には私募であれば証券取引法上の開示義務がないなどのメリットがある。

(2) 社債の発行手続

社債には普通社債と新株予約権付社債とがある。普通社債を発行する際には，特に株主総会の決議は不要であるが，新株予約権付社債の場合には，新株予約権の発行手続と同じ手続が必要である。前述のとおり，私募の普通社債発行の際には証券取引法上の開示義務がなく，さらに株主総会決議も必要ないことから，企業にとっては手軽な資金調達方法である。

ただし，一定の場合を除いて社債権者保護のために社債管理者（銀行，信託会社及びこれらに準ずるものとして法務省令で定める者に限られる。新会社法703条）を置かなければならないほか，発行手続上，取締役会の決議は必要であろう。

第3章 資金調達

❖ 社債の発行手続

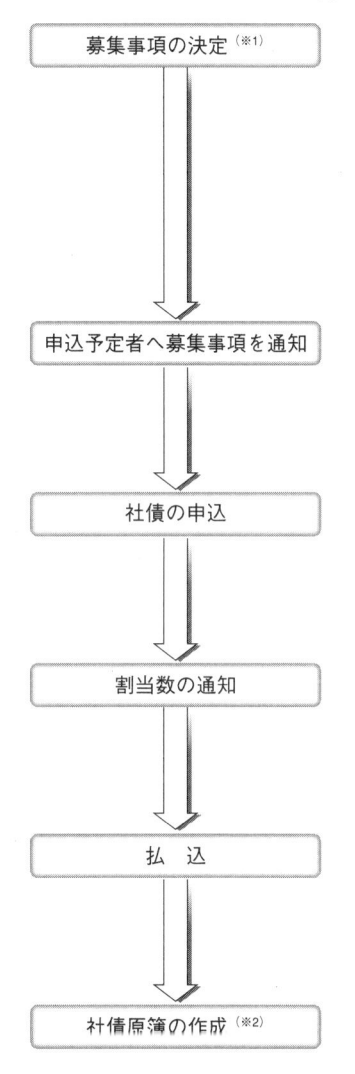

```
┌─────────────────────┐
│  募集事項の決定 (※1) │
└─────────────────────┘
           ↓
┌─────────────────────┐
│申込予定者へ募集事項を通知│
└─────────────────────┘
           ↓
┌─────────────────────┐
│     社債の申込       │
└─────────────────────┘
           ↓
┌─────────────────────┐
│     割当数の通知     │
└─────────────────────┘
           ↓
┌─────────────────────┐
│      払　込         │
└─────────────────────┘
           ↓
┌─────────────────────┐
│  社債原簿の作成 (※2) │
└─────────────────────┘
```

(※1) 募集事項を決定
・社債の総額
・各社債の券面額
・利率
・償還方法及び償還期限
・利息の支払方法及び期限
・社債券を発行する時にはその旨
・払込期日
・募集金額に満たない場合でも予定通り発行する場合にはその旨
・その他事項

(※2) 社債原簿の記載事項
・社債を特定できる内容
・種類ごとの社債の総額
・券面額
・社債金額及び払込日
・社債権者の氏名・名称及び住所
・社債の取得日
・社債券を発行した時には社債券番号等
　その他事項

97

4 株式

1 株券の不発行が原則に

(1) 総論

　株券は株式会社，もっといってしまえば，資本主義の象徴である。しかし，新会社法では，株券を発行しないことが原則となり，定款で定めた場合に限って発行することが可能となる（新会社法214条）。しかも，株式譲渡制限会社については，定款で株券を発行する旨を定めても，株主から請求がない限り株券を発行する必要はなくなる（新会社法215条4項）。ペーパーレス化は時代の流れということだろう。なお，株券を発行しないことのメリットとデメリットをまとめてみると，以下のとおりとなる。

　もっとも，株式譲渡制限会社の場合，従来から株券を発行している会社の方が少なく，デメリットは少ないと思われる。

> **メリット**
> ・株券の偽造・盗難によるリスクがなくなる
> ・株券の印刷費・印紙税などのコストが削減できる
> ・株券管理の手間が省ける

> **デメリット**
> ・株主名簿の記載のみが株主であることを証明する証拠となる

(2) 株券不発行会社になるための手続

多くの株式会社の定款では「当会社が発行する株式は記名式普通株式○○株とし，1株券，10株券，……とする。」という記載がどこかにあるはずだ。この記載を削除しない限り，株券発行会社となる。逆にいえば，定款変更をしてこの記載を削除すれば，株券不発行会社になることができる。

その場合，すでに発行されている株券については回収する必要はなく，定款変更の効力発生日（＝株券の廃止日）の2週間前までに以下の事項を公告したうえで，かつ各株主に個別に通知すればよいとされている（新会社法218条1項）。

(a) 株券の発行を取りやめる旨
(b) 定款変更の効力発生日（＝株券を廃止する日）
(c) 株券廃止日以降，すでに手元に持っている株券は無効となる旨

(3) 株券発行会社と株券不発行会社の違い

もちろん，新会社法施行後も定款の定めにより，株券発行会社を選択することもできる。ただし，株券発行会社の場合，株式を譲渡する場合には株券を交付しなければならない（新会社法128条）ほか，株券喪失登録制度（新会社法221条以下）に対応しなければならない，合併で消滅会社になる場合等に株券

提供公告をしなければならない（新会社法219条1項6号）などの義務が生じる。

(4) 株式上場会社では強制的に株券不発行会社に

旧商法附則により，株式を上場している株式会社については平成21年6月までのいずれかの日に，一斉にしかも強制的に株券不発行会社とさせられる。しかし，現在のところ上場会社は，株券の発行が求められている。そのため，株券制度廃止前に上場する企業は株券発行会社であることが求められるので，新会社法で株券不発行会社が認められても別の法令でそれまでは株券不発行会社になることができない。

2 株式の譲渡

(1) 総論

株主は原則として株式を自由に譲渡することができる（新会社法127条）。しかし，公開会社では，売主と買主が合意さえすれば会社の意思とは無関係に自由に譲渡ができるのに対し，株式譲渡制限会社では，株主総会または取締役会の承認が必要である。

特に株式上場（IPO）を目指すベンチャー企業では，資本政策の中で事業パートナーや従業員に株式をもたせることが多いが，事業パートナーと決別したり，従業員が株式をもったまま退職してしまうこともある。それだけならまだしも，そのまま退職した元従業員の所在が不明になってしまうケースもある。株式の所在があいまいだと，上場審査に通らないこともあって，困ってしまう。そういったことにならないように株式上場（IPO）前の株式の所在は常に会社で把握しておかなければならない。

(2) 株式の譲渡制限

　経営者にとって好ましくない株主を排除するための制度が株式の譲渡制限である（新会社法107条1項1号）。もちろん，これから株式上場（IPO）を目指そうというベンチャー企業はいずれ譲渡制限をはずさなければならないが，上場の直前までは株式譲渡制限会社のままでいることが多い。日本の株式会社の大部分がこの「譲渡制限会社」である。一般的には，株式の譲渡をする際に取締役会（取締役会非設置会社にあっては株主総会）の承認を要するとしているが，定款で以下の事項等を決めておくことも可能である。また，新会社法では種類株式発行会社は，特定の種類株式のみに譲渡制限をつけることも可能である。例えば，普通株式には株式上場まで譲渡制限を付しておき，ベンチャーキャピタルからは譲渡制限のない種類株式を発行して資金調達をすることも可能となる。株式に譲渡制限がないことはベンチャーキャピタルならずとも，投資家としては資金提供がしやすくなり，結果としてベンチャー企業の資金調達もしやすくなる。

(a)　株主間の譲渡であれば会社の承認は不要とする旨
(b)　特定の者への譲渡については代表取締役へ決定を委任することができる旨
(c)　特定の者への譲渡について会社の承認を不要とする旨
(d)　取締役会設置会社であっても譲渡承認機関を株主総会とすること
(e)　譲渡承認を否決した場合の指定買受人をあらかじめ決めておくこと

(3) 株式譲渡制限会社の譲渡承認手続

① 事前承認

　譲渡に先立って，取締役会設置会社では取締役会の承認（取締役会非設置会社では株主総会の承認）が必要となる（新会社法139条1項本文）。譲渡承認を受けるためには，譲渡の相手方の名称，譲渡する株式数を記載した譲渡承認請求書を会社に提出し，賛否を諮る（新会社法136条，138条1号）のが一般

的である。

　譲渡承認請求を受けた会社は，2週間（定款で短縮可能）以内に賛否を株主宛に通知しないと自動的に承認したものとみなされる（新会社法145条1号）。

　さらに，譲渡承認請求書において，譲渡を承認しない場合に別の買取人（これを「指定買取人」という）を会社に指定するよう要求することもできる（新会社法138条1号ハ）。この場合も会社は，譲渡承認請求から2週間以内に買取人を指定しなければならない（新会社法145条1号，139条等）。また，こういった場合に，指定買取人と改めて売買価格を協議することになる（新会社法144条7項，1項）が，価格が折り合わないケースもある。協議した結果，株主，指定買取人のいずれか一方が価格に不満をもった場合，指定買取の買取通知のあった日から20日以内に裁判所に売買価格の決定を申し立てることができる（新会社法144条7項，2項）。この申立は株主と指定買取人のどちらからでも行うことができる。

　なお，買取人として会社そのものを指定することもできるが，会社が個人株主から買い取る場合は，株主個人に対して配当所得課税がなされるため，譲渡する株主は税制上きわめて不利になるケースが多い。

　また，株券を発行しない会社については株主名簿の記載または記録だけが，会社との間で自分が株主であることを証明する記録となり，会社その他の第三者に対抗する要件となる（新会社法130条1項）ため，株式の譲渡が終了したら速やかに名義書換を行うことと，名義書換が完了したら株主名簿記載事項を記載した書面または記録した電磁的記録を入手（新会社法122条1項）した方が安心できるだろう。

　株式譲渡制限会社の株式譲渡の手続のフローチャートは次頁のとおりである。なお，株主名簿の名義書換については，旧株主と共同して請求をしなければならない（新会社法133条2項）。ちなみに株主は，譲渡承認請求を会社による買取通知（新会社法141条1項），または指定買取人による買取通知（新会社法142条1項）前であれば，いつの段階でも撤回することができる（新会社法143条）。

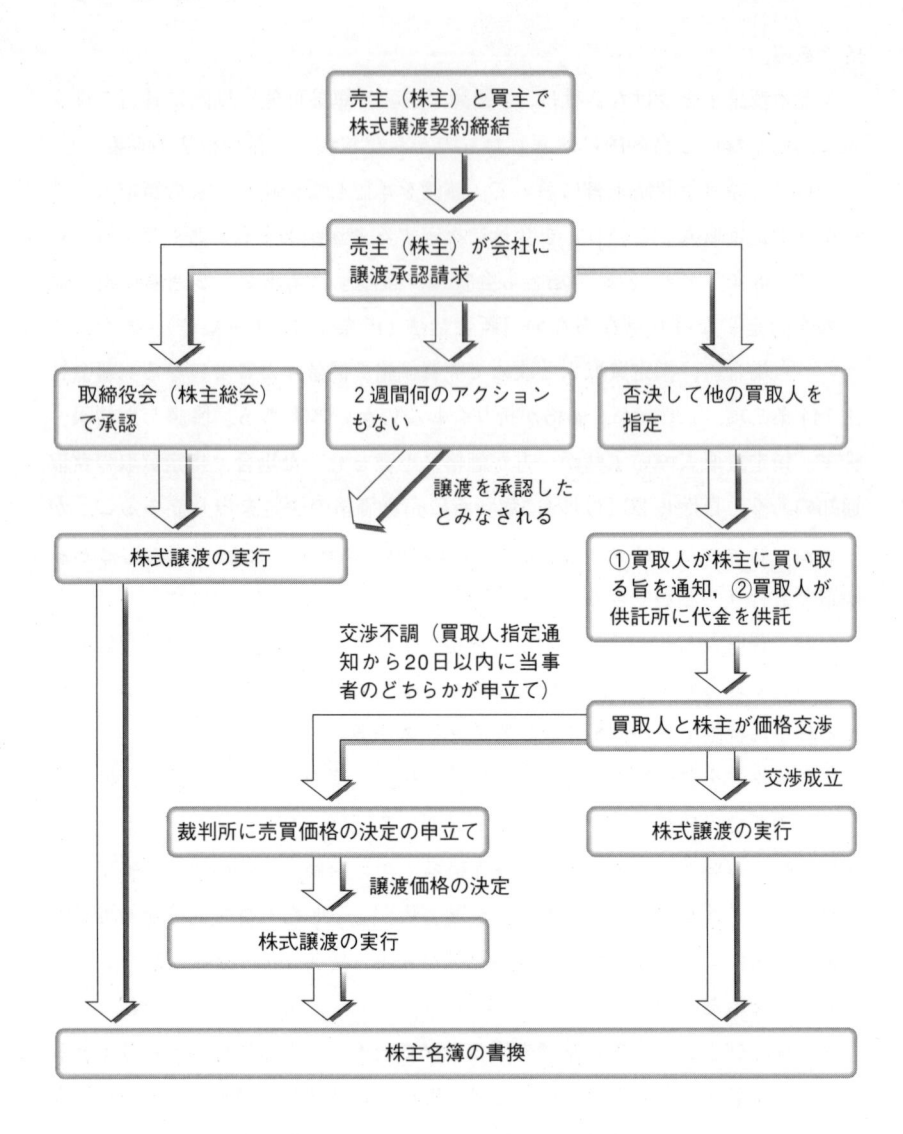

```
売主（株主）と買主で
株式譲渡契約締結
        ↓
売主（株主）が会社に譲渡承認請求
 ↓              ↓                    ↓
取締役会    2週間何のアクション      否決して他の買取人を
（株主総会）  もない                   指定
で承認
              譲渡を承認した
              とみなされる
 ↓                                    ↓
株式譲渡の実行                    ①買取人が株主に買い取
                                  る旨を通知，②買取人が
                                  供託所に代金を供託
                                        ↓
          交渉不調（買取人指定通
          知から20日以内に当事       買取人と株主が価格交渉
          者のどちらかが申立て）
                                        ↓ 交渉成立
          裁判所に売買価格の決定の申立て    株式譲渡の実行
                    ↓ 譲渡価格の決定
          株式譲渡の実行

                    株主名簿の書換
```

② 事後承認

　事前承認手続は譲渡する株主が行う手続であるのに対し，事後承認手続は，旧株主から取得した新株主が行う手続である。会社の承認を事前に得ることなく，株主間で先に譲渡を行い，その後新たな株主が会社に譲渡を承認するよう求める手続である（新会社法137条1項）。相続で取得した株式を取得した遺族が株主として会社に認知してもらう手続もこれに当たる。承認手続は取得者（買主）が行うという以外では事前承認手続と大きな違いはない。

　なお，株主名簿の書換については，旧株主と共同して請求をしなければならない（新会社法133条）。また，取得承認請求も撤回については譲渡承認手続と同じであるが，譲渡承認の場合には譲渡を承認した会社は株主名簿の名義書換を拒否できない（新会社法134条1項1号）のに対し，取得承認請求は会社の承諾を得ないで株式の譲渡をしてしまっているので，会社は拒否することができる。現実的には事前に会社の承諾を得ないで譲渡を先行させてしまうと，感情的にこじれてしまうこともよく見受けられるので，事前の譲渡承認手続に比べて事後承諾手続である取得承認手続はリスクが高いといえる。

3　取得請求権付株式

(1)　総論

　取得請求権付株式とは，株主が会社に株式を買い取るよう請求できる権利のついた株式のことである（新会社法2条18号，107条1項2号）。株主にとっては買受先が必ずあるという点でメリットが大きいが，会社にとっては買取義務が発生するので負担が大きくなる。しかし，取得請求権付株式はベンチャーキャピタルなどの投資家が投資をする際の安心材料となるので，投資家が投資をしやすくなるというメリットもある。

(2) 取得請求権付株式導入の手続

取得請求権付株式を導入するには定款を変更し、以下の事項を定める必要がある（新会社法107条2項2号，108条2項5号）。

(a) 会社に株式の取得を請求する権利がある旨
(b) 取得の対価として社債を交付するときはその種類及び種類ごとの合計額または算定方法
(c) 取得の対価として新株予約権を交付するときはその内容及び数または算定方法
(d) 取得の対価として新株予約権付社債を交付するときは(b)及び(c)の内容
(e) 取得の対価として他の種類株式を交付するときは，その種類及び種類ごとの数または算定方法
(f) 取得の対価として他の種類株式，社債及び新株予約権以外の財産（主として現金）を交付するときはその内容及び数もしくは額または算定方法
(g) 取得請求をすることができる期間

(3) 取得請求権付株式の取得の請求

取得請求権付株式を有している株主は、会社に取得（買取）を請求すれば足りる（新会社法166条1項本文）。ただし、株券発行会社の場合には株券の提出が必要となる（新会社法166条3項本文）。

前述のとおり、取得請求権付株式の対価として交付できる財産の種類は多岐にわたっており、取得請求の対価として、社債や他の種類株式を支払うケースを考えると転換予約権付株式に近い性格をもつことになる。

なお、取得の対価として交付する財産の金額が会社の配当可能な剰余金の額（新会社法では「分配可能額」という）を超える場合には取得請求に応じることができない（新会社法166条1項但書）。分配可能額を超えて取得請求に応じた場合は、取締役の責任が問われることになるだろう。

(4) 取得請求権付株式制度の廃止

　取得請求権付株式は株主からみれば，買受人が常にいる状況であるので，安心感がある一方で，会社側からすれば請求があれば買い取らなければならないので負担は大きい。そういった場合には取得請求権付株式制度を廃止したいというニーズもあるだろう。

　取得請求権付株式を廃止するには定款変更を決議すればよい（特別決議）。ただし，株主からみれば不利益変更ともいえるため，特定の大株主がいない企業や株主が分散している企業では，一旦導入してしまうと廃止するのが難しくなることも予想される。

　したがって，株主が分散している会社では導入時点から慎重に検討しておくべきだろう。

4　取得条項付株式

(1) 総論

　取得条項付株式とは，取得請求権付株式とは逆に，一定の事由が生じた場合に，会社が株主に株式を売り渡すよう請求できる権利のついた株式のことである（新会社法2条19号，107条1項3号）。株主の意思とは無関係に強制的に取得できる点で会社に有利にできている。そのため，取得請求権付株式が株主に選択権があって会社に選択権がないのに対し，取得条項付株式はその逆で，会社に選択権があって株主に選択権はない。

　取得条項付株式に関する事項として，あらかじめ定款で「一定の事由」など一定の事項を定めておけば，会社の株式が分散することを避けることができる（新会社法107条2項3号）。例えば，以下のようなことが「一定の事由」とその効果として考えられる。

一定の事由	効　果
株主を従業員に限っている場合に，その従業員が退職したとき	従業員の退社に伴う株式の散逸を避ける（株式上場前に限定されるであろう）
会社にとって好ましくない株主の保有比率が一定以上になった場合	敵対的買収の防衛
株主が個人株主の場合に，その株主が死亡した場合	相続による株の散逸を防ぐ

(2) 取得条項付株式制度導入の手続

取得条項付株式の導入に当たっては，定款に下記の事項を定める（新会社法107条2項3号，108条2項6号）。

(a) 一定の事由が生じた日に株式を取得する旨とその事由
(b) 一定の期日が到来したことが取得の事由となる場合にはその期日
(c) 取得の事由が生じた時に株式の一部を取得する場合にはその旨と取得する株式の一部の決定方法
(d) 取得の対価として社債を交付するときはその種類及び種類ごとの金額の合計額または算定方法と内容
(e) 取得の対価として新株予約権を交付するときはその内容及び数または算定方法
(f) 取得の対価として新株予約権付社債を交付するときは(d)及び(e)の内容
(g) 取得の対価として他の種類株式，社債及び新株予約権以外他の財産（主として現金）を交付するときはその内容及び数もしくは額または算定方法

なお，取得事由が発生した場合には株主の意思とは関係なく株式が取得されることから，取得条項付株式は株主権を害するおそれもある。したがって，取得条項付株式を導入するための株主総会決議は決議要件が通常の定款変更決議よりも加重されている。すなわち，株主全員の同意がなければ導入ができない（新会社法110条，111条1項）。事実上，すでに上場している企業が敵対的買収の防衛策として単純に導入するには無理がある。

また，取得の対価として交付する財産の金額は分配可能額の範囲内に限られているため（新会社法170条5項），内部留保が薄い会社は取得条項付株式制度を導入しても，そのメリットが減殺されてしまう。

　なお，これから株式上場（IPO）しようとする会社では敵対的買収の防衛策として活用することもできるが，証券取引所の見解が現時点では不明である。したがって，主幹事証券会社や証券取引所の指導を受けた方がよいだろう。

(3) 取得条項付株式の取得の手続

❖ 取得条項付株式の取得の手続

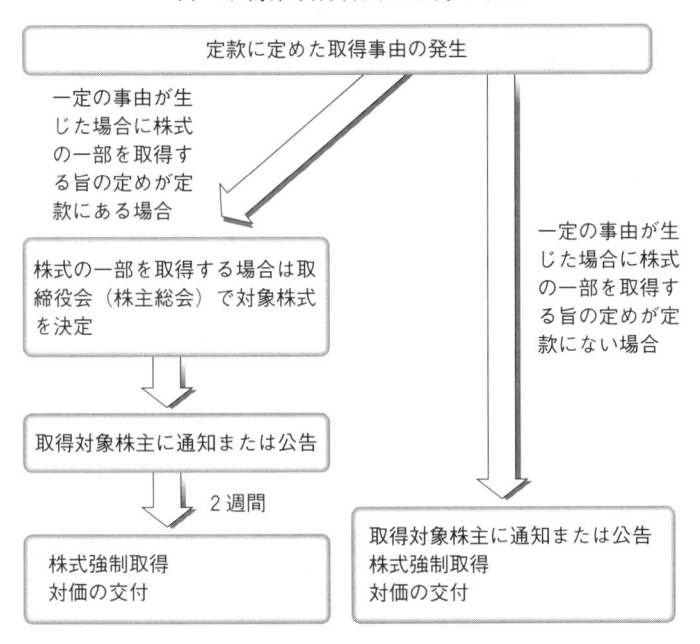

```
            定款に定めた取得事由の発生
           ／              ＼
一定の事由が生              一定の事由が生
じた場合に株式              じた場合に株式
の一部を取得す              の一部を取得す
る旨の定めが定              る旨の定めが定
款にある場合                款にない場合
    ↓                           ↓
株式の一部を取得する場合は取
締役会（株主総会）で対象株式
を決定
    ↓
取得対象株主に通知または公告
    ↓ 2週間
株式強制取得                取得対象株主に通知または公告
対価の交付                  株式強制取得
                            対価の交付
```

5 株式分割，株式の無償割当

(1) 総論

　株式分割は旧商法からあった制度で，単純に株式を分割する制度である（新会社法183条1項）。分かりやすくいえば，100円玉1枚を50円玉2枚にくずすだけである。したがって，株主からみれば財産価値は変わらない。株式分割

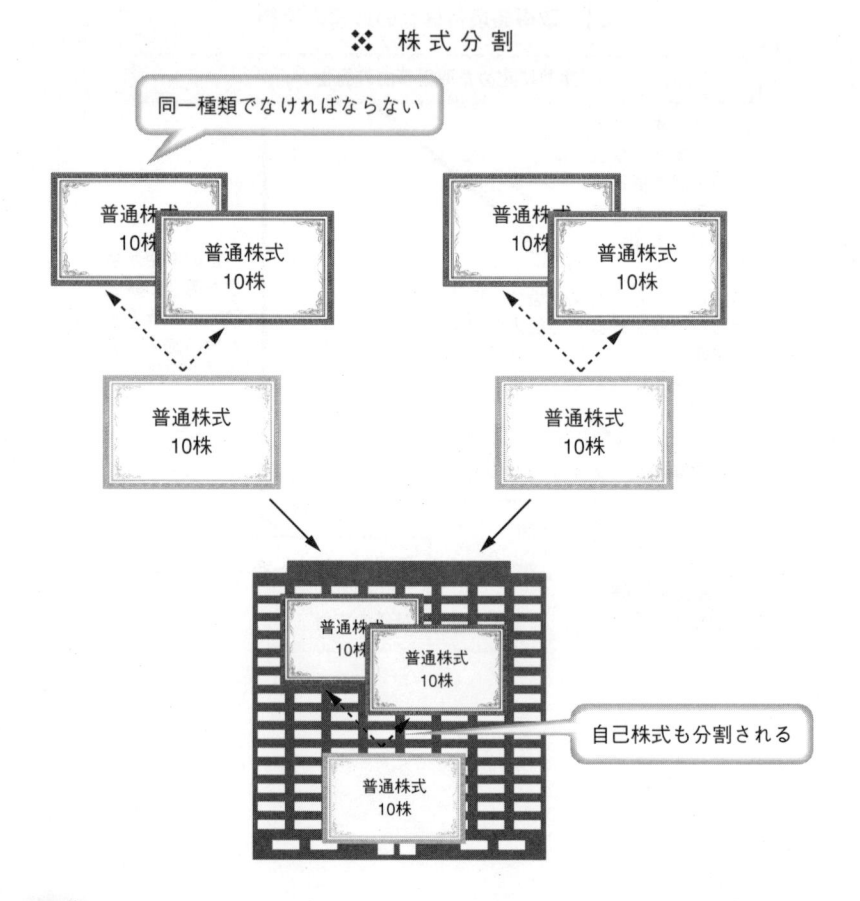

❖ 株 式 分 割

同一種類でなければならない

普通株式 10株
普通株式 10株

普通株式 10株
普通株式 10株

普通株式 10株

普通株式 10株

普通株式 10株
普通株式 10株

普通株式 10株

自己株式も分割される

は高くなりすぎた株価を下げたり，株式数を増やすことによって流動性を増やすために用いられる。発行済株式数の少ない人気ベンチャー企業は，株価が100万円以上となることも珍しくなく，投資家が投資しやすくなるようにする効果がある。

一方で，株式の無償割当は新会社法で定められた制度で株式分割と似たような面があるが，基本的には異なる制度である（新会社法185条）。

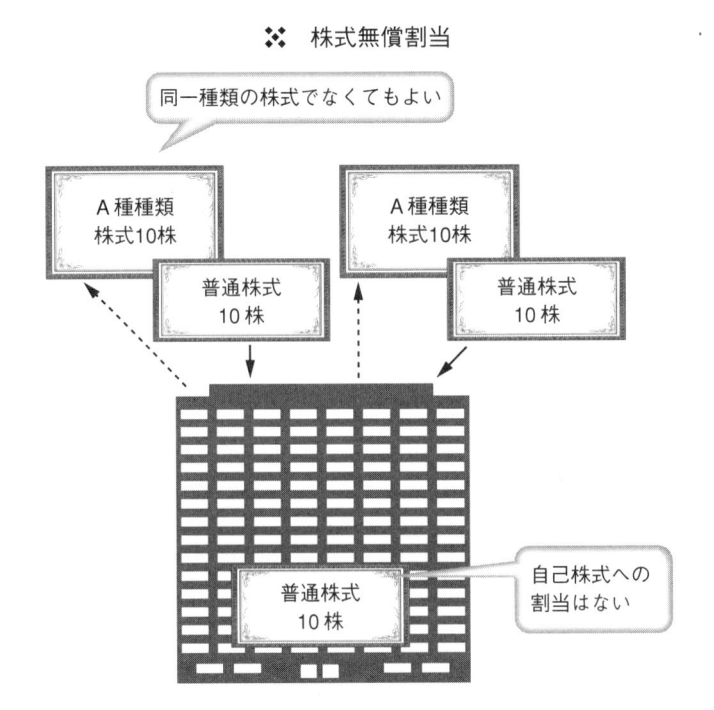

❖ 株式無償割当

同一種類の株式でなくてもよい

A種種類株式10株　普通株式10株　A種種類株式10株　普通株式10株

普通株式10株

自己株式への割当はない

(2) 株式分割と株式無償割当の比較

株式分割と株式無償割当を比較すると，以下のようになる。

❖ 株式分割と株式無償割当の相違

	株 式 分 割	株式無償割当
交付する株式の種類	分割する株式と同一の株式でなければならない	対象となる株式と異なる種類の株式でも構わない
自己株式への割当	自己株式も分割される	自己株式には割当できない
発行可能株式数	株式分割に合わせて増加することが可能	別個の手続を経なければならない

　まず，交付する株式の種類は，株式分割の場合は同一種類の株式でなければならないが，株式無償割当の場合は異なる種類の株式でもよい。これによって，例えば普通株式を所有している株主に対して優先株式や議決権制限株式を割り当てることも可能となる。

　次に，自己株式に対する交付であるが，株式分割の場合は自己株式も当然に分割されるが，株式無償割当の場合は自己株式への割当はできない。

　したがって，自己株式のある会社が，株式無償割当を行うと持株比率が上昇することになる（ただし，議決権ベースでの持株比率は変わらない）。

　また，株式分割を行う場合，株式分割に合わせて発行可能株式数（授権株式数）を増加させることが可能だが，株式無償割当の場合は別途株主総会を開催して定款変更をしなければならない。

(3) 株式分割の手続

　株式分割は取締役会（取締役会非設置会社は株主総会）で下記事項を決議すればよい（新会社法183条2項）。

　(a) 株式分割比率及び株式分割基準日

(b) 株式分割の日
(c) 種類株式発行会社の場合には分割する株式の種類

なお、株式分割の取締役会決議の際に、分割比率を上限として発行可能株式数を増加させることもできる（新会社法184条2項）。つまり、1：5の株式分割をすれば、取締役会決議のみで発行可能株式数も5倍まで増加させることができる。株式分割後も増資による資金調達の予定があれば株式分割に合わせて発行可能株式数を増加させておいた方がよいだろう。

(4) 株式無償割当の手続

株式無償割当は取締役会（取締役会非設置会社は株主総会）で下記事項を決議すればよい（新会社法186条1項、3項）。
(a) 株式の割当比率（種類株発行会社は株式の種類と種類ごとの割当数）
(b) 無償割当の日
(c) 種類株式発行会社の場合には株式無償割当を受ける株主の有する株式の種類

また、株式無償割当を行った場合には、会社は遅滞なく株主に割り当てた株式の数（種類株発行会社は株式の種類及び種類ごとの数）を通知しなければならない（新会社法187条2項）。

(5) 株式上場（IPO）時の株式数

新興株式市場では、流動性を向上させることを重視している。これはあまりに株式数が少ないと、上場後に値がつかないことが多くなり、株価形成の面で好ましくないからである。また、最近は市場の新陳代謝が活発になっていることもあり、株主数や値付率（株式市場で取引が成立する割合）が低いと上場廃止基準に抵触してしまう場合もある。

株式上場（IPO）前から株式数を適正に保つような、綿密に資本政策を立てておくべきであろう。

❖ 新興市場の上場廃止基準（抜粋）

	大証ヘラクレス（スタンダード）	大証ヘラクレス（グロース）	東証マザーズ	ジャスダック
株主数	300人未満（猶予1年）	200人未満（猶予1年）	150人未満（猶予1年）	150人未満（猶予1年）
値付率	なし※	なし※	過去1年間の月平均売買高10単元未満または過去3ヶ月間出来高なし	20％未満（猶予6ヶ月）

※ ただし，これに代わる基準として，浮動株時価総額基準がある

6 自己株式の取得

(1) 総論

　自己株式の取得は旧商法では特別な規定がおかれていたが，新会社法では剰余金の分配として統合的な手続とされた。これによって株主還元策がやりやすくなったばかりでなく，これから株式上場（IPO）しようというベンチャー企業の株主構成の是正をするための方法としても利用しやすくなった。株式上場（IPO）を目指すベンチャー企業の資本政策のバラエティーが増えた。

　例えば，親会社から株式を買い取り，親会社の持株比率を下げた上で，自己株式を売り出すことによって新株発行に伴う希薄化を避けると同時に会社が資金調達することも可能になる。このスキームは親会社にとっては子会社の自社株買いに応じた場合に発生した利益は税制上，配当と同じ扱いとなって，課税所得が軽減されるというメリットもある。

(2) 自己株式の取得方法

　自己株式の取得は以下の場合に認められている（新会社法155条）。

(a) 取得条項付株式の取得事由が生じた場合
(b) 譲渡制限株式の譲渡を承認せずに会社を買取人に指定した場合
(c) 株主との合意によって取得する場合
(d) 取得請求権付株式の取得請求があった場合
(e) 全部取得条項付種類株式を株主総会決議に基づいて取得する場合
(f) 譲渡制限株式の相続人に対して売渡請求をした場合
(g) 単元未満株,端株の買取に応じる場合
(h) 所在不明株式の株式売却制度に買受人として応じる場合
(i) 事業全部の譲受,吸収合併,吸収分割によって取得する場合
(j) その他法務省令で定める場合

このうち,(c)による取得をするためには事前に株主総会決議によって下記事項を定めておく必要がある(新会社法156条1項)。なお,この際の株主総会は臨時株主総会でもよく,普通決議でよい。旧商法では定時株主総会の決議に限定されていたが,新会社法では要件が緩和された。

(a) 取得する株式の数(種類株式発行会社の場合は株式の種類及び種類ごとの数)
(b) 取得の対価とする金銭等(金銭以外でもよい)の内容及びその総額
(c) 取得ができる期間(1年を超えてはならない)

7 株主名簿

(1) 総論

株券制度が原則廃止となったことによって,非上場企業の株主が株主であることを証明する手段が株主名簿の記載のみとなった。したがって,株主名簿の記載は今まで以上に重要となってくる。特に上場会社では株主名簿管理人(新会社法123条。旧商法では「名義書換代理人」と呼ばれていた)にアウトソーシングしているので問題がないが,株式上場(IPO)前のベンチャー企業では

決算期末にのみ株主名簿を作成している会社もみられる。しかし，今後は株主からの株主名簿の謄写請求が増加することも考えられるので，日常から管理をしっかりしておいた方がよいだろう。

　株主名簿の記載事項は旧商法からは変わっていない（新会社法121条）。

（株主名簿の記載事項）
　(a)　株主の氏名または名称及び住所
　(b)　保有株式数（種類株発行会社にあっては株式の種類と種類ごとの株式数）
　(c)　株式の取得日
　(d)　株券発行会社の場合は株券番号

(2)　株主名簿の閉鎖制度が廃止に

　平成16年改正以前の旧商法では株主総会で議決権を行使する株主を確定したり，配当を受ける権利がある株主を確定するために株主名簿の閉鎖制度があった。これは株主名簿の確定作業に時間がかかっている間にも株式が転々と流通してしまうので，一定期間（3ヶ月間）は株主名簿の書換を停止することによって権利関係の確定を容易にするために導入された制度であった。しかし，基準日制度だけでもこの目的を達成できることから，平成16年改正商法でこの制度が廃止された。新会社法も同様に基準日制度だけが規定された（新会社法124条1項）。

(3)　基準日の設定

　旧商法では，定款で特別な規定をしない限り，基準日後に株式を取得した株主は，株主総会で議決権を行使できなかった。これでは基準日後に第三者割当増資等によって株式を取得した株主が権利行使することができず，次の株主総会を待つしか方法はなかった。新会社法では基準日後に株式を取得した株主についても，基準日に株式を保有していた株主を害さない限りにおいて，議決権

を行使できることとした（新会社法124条4項）。

この結果，株主総会の時期を気にせずに買収した会社の経営に迅速に参加できるようになる。

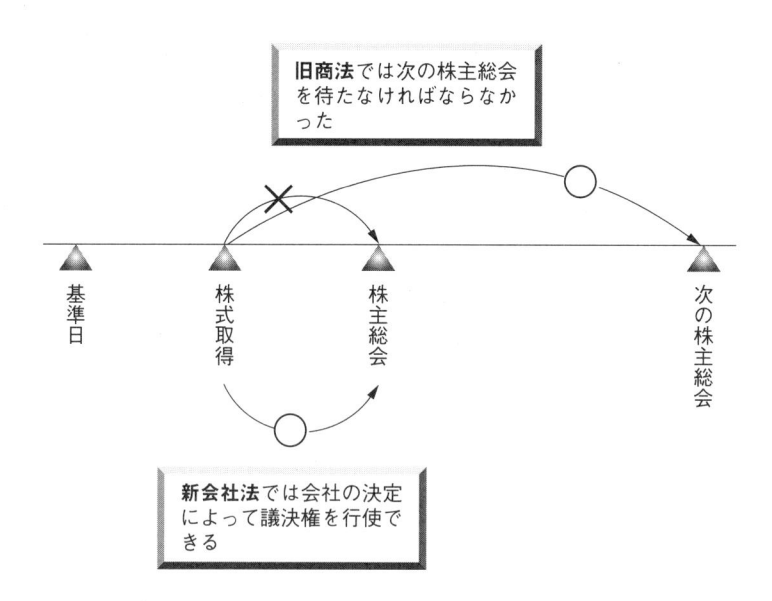

旧商法では次の株主総会を待たなければならなかった

基準日　株式取得　株主総会　次の株主総会

新会社法では会社の決定によって議決権を行使できる

5 新株予約権

1 資本政策での利用

(1) 総論

　新株予約権は，将来の一定時点（または期間）であらかじめ定められた条件で株式を取得することができる権利である。将来いくら株価が上がろうが，権利行使期間内であればあらかじめ定められた価格で株式を取得できる。ベンチャー企業では新株予約権はさまざまな使い方ができる。

(2) 創業者の持株比率維持のための活用法

　資金需要の旺盛なベンチャー企業は，ベンチャーキャピタルや提携先事業会社などからの資金調達をする。資金が調達できるのはよいことなのだが，これを繰り返すと創業者の持株比率はどんどん下がっていく。そうかといって，創業間もない企業のオーナーがそんなに大金をもっているはずもない。持株比率を維持したい，でも資金も必要だ。そういった場合に新株予約権を使った持株

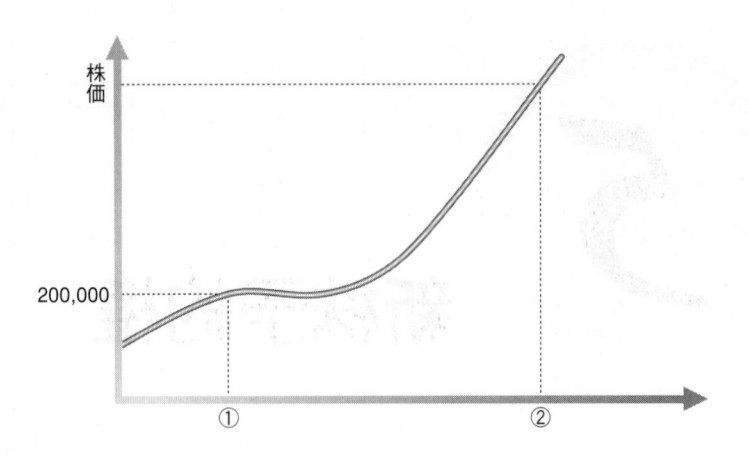

比率維持法が広く活用されている。

　例えば，①の時点で１億円の資金が必要であるとする。この場合，単純に資金を調達すれば，持株比率が低下してしまう。そこで増資と同時に新株予約権を発行するのだ。新株予約権は，付与時点で，新株予約権の発行価格＋権利行使時の払込価格が株式の時価と同額であればよいので，この例では権利行使価格が20万円ならば新株予約権の発行価格は０円でよいことになる。したがって，創業者個人が支出することなく将来１株20万円で株式を取得する権利を

株主	増資前		増資 (新株予約権)	増資後		権利行使	
	株数	比率	株数	株数	比率	株数	比率
社長	1,500	75	(1,500)	1,500 (1,500)	60	3,000	66.7
従業員	500	25	(500)	500 (500)	20	1,000	22.2
VC	0	0	500	500	20	500	11.1
合計	2,000	100	500 (2,000)	2,500 (2,000)	100	4,500	100

第5章　新株予約権

	権利行使	上　場	累　計
権利行使価格 （売却価格）	200,000 円	(1,000,000 円)	
権利行使株数 （売却株数）	1,000 株	(200 株)	
権利行使後株式数 （売却後株式数）	3,000 株	(2,800)	
持ち株比率	66.7%	62.2%	
資金収支	△2 億円	＋2 億円	±0

※　売却に伴う税金は考慮していない

得たことになる。これを株式上場（IPO）が見えてきたときに行使すればよいのだ。

2億円の払込は大変と思われるかもしれないが，上場が間近に控えていれば取得資金を融資する金融機関も現れる可能性が高い。例えば，②の時点で権利行使して，上場後に株価が仮に5倍になったとすれば，2億円で10億円分の自社株が取得できるのだ。そうなれば，取得する1,000株のうち，200株を売却すれば2億円はすぐに返済できてしまう。

結果的に実質的な資金負担を背負うことなく，持株比率を維持することができた。これがベンチャー企業で最も典型的な新株予約権の利用法であるが，上場前規制（上場直前事業年度末から1年前の日以降に付与された新株予約権については継続所有に係る確約をしなければならない）の対象になるので，注意が必要である。

2 従業員のインセンティブプラン（ストックオプション）での利用

(1) 総論

　目先の給料よりも会社が上場したときのキャピタルゲインの方が，夢があってよいと考える若者が増えている。優秀な従業員を確保したり，あるいは会社につなぎとめておくためにインセンティブプラン（ストックオプション）は有効な手段である。ここでも新株予約権が利用される。ストックオプションは，新株予約権の有利発行の1類型と整理することができる。

　しかし，実際に株式上場を果たして何億円という株式を手に入れてしまうと，株を売って退職したくなるのが人間の心情である。経営者側としては優秀な者にはそれだけ多額の報酬で報いたいところであるが，あまり多くを与えすぎると上場後の人材流出に頭を抱えることになる。経営者としては，上場までの従業員と上場後に入社する社員とでは質が違うと割り切って大胆なストックオプションを与えるか，あるいは上場後も会社に残ってもらえるようにストックオプションを設計するか，いずれにしても工夫が問われる。

(2) ストックオプションの導入

　株式譲渡制限会社がストックオプションを導入するための手続は，新会社法上，通常の新株予約権の発行決議と同じになる（新会社法238条）。ただし，税務上の扱いと証券取引法上の扱いが通常の新株予約権と異なっている。

　まず，証券取引法上はストックオプションについては優遇がされており，募集に該当するかどうかの判断基準として役職員は人数としてカウントしなくてよい。

　税法上は，一定の要件を満たさないと権利行使時に給与所得として課税されるので注意が必要である。

第5章　新株予約権

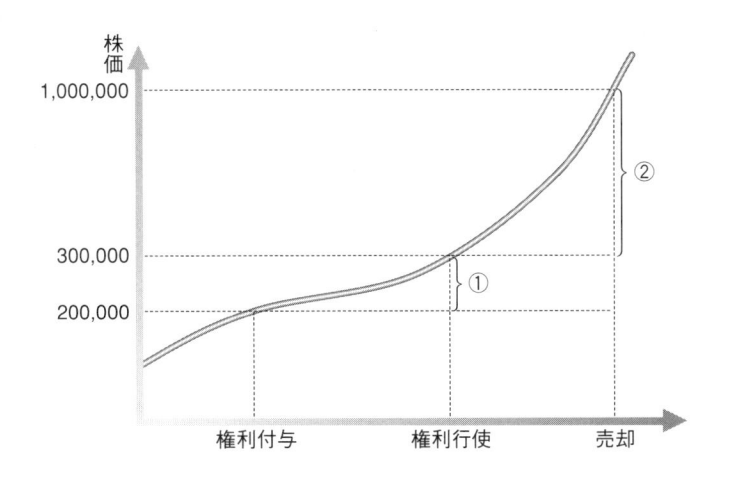

```
株価
1,000,000 ┄┄┄┄┄┄┄┄┄┄┄┄┄┄┄┄┄┄┄┄┄┄
                                    ②
  300,000 ┄┄┄┄┄┄┄┄┄┄┄┄┄
  200,000 ┄┄┄┄┄┄              ①
           権利付与    権利行使    売却
```

　まず，原則からいえば，税法上は権利行使時点で①の部分に所得税が課税される。付与者が従業員の場合は給与となるし，コンサルタント等であれば事業所得となる。次に売却時については②の部分に譲渡所得税が課税される。権利行使と売却が接近していればよいが，上場している企業だとインサイダー取引規制の関係もあって，売却のタイミングが難しい。そうなると権利行使時点では，権利行使の際の払込のほか，所得税まで取られてしまう。また，売却時に時価が行使価格を上回っていればよいが，下回っていたときには悲惨である。こういった弊害が残っているとストックオプションの効果が減殺されてしまうので，次頁の要件を満たしたストックオプションについては権利行使時には課税せず，売却時まで課税を繰り延べるという特例がある。つまり，次頁の要件を満たした場合については，売却時に①＋②の合計額を譲渡所得として課税される。譲渡所得とされると，給料としてもらうよりも税率が低い場合が多いので，二重にメリットがある。ほとんどのケースでこの要件を満たすようにストックオプションが設計されている。

　また，ストックオプションの場合は社員の退職などの際は権利行使資格を失う旨の規定を置くなど規定も必要である。

> **税制適格ストックオプションの要件**
>
> ① 会社またはその子会社の役員・従業員であって以下に該当しない者
>   ・上場企業の場合，保有株式が10％超を保有している株主
>   ・非上場企業の場合，保有株式が3分の1超を保有している株主
> ② ストックオプションの発行価格が無償であること
> ③ 権利行使期間が付与決議後2年を経過した日から10年を経過する日までとされていること
> ④ 権利行使価格が付与時点における時価を下回っていないこと
> ⑤ ストックオプションの譲渡ができないこと
> ⑥ 新株予約権が商法に定める有利発行の手続に従って発行されたものであること（※）
> ⑦ 年間の権利行使価額の合計額が1,200万円以下であること
> ⑧ 権利行使により取得する株式について証券会社または金融機関との間で保管の委託等が行われること
>
> （※）新会社法238条3項で踏襲されている。

(3) ストックオプションの費用処理

　難しい話であるが，利益成長が大事なベンチャー企業は覚えておいていただきたい。現在の会計基準では，ストックオプションは給料としては考えられていない。ところが，これを給料として処理する会計基準が平成18年4月から導入されるのだ。ストックオプションが行使される場合というのは，普通は権利行使価格よりも時価が高い場合である。ストックオプションの権利行使価格が500,000円で時価が1,000,000円となれば誰であっても権利行使したい。逆に時価が300,000円であれば権利行使する人はまずいない。つまりストックオプションの割当を受けた人は，どちらに転んでも少なくとも損はしないのだ。

「オプションに損なし」といわれるゆえんである。ともあれ，権利行使されたときに，会社は本来であれば，1,000,000円で増資できるところを500,000円で増資に応じなければならないのだ。つまり会社は500,000円損をしている。だから，ストックオプションを付与したときにこれを給料として処理しようとする考え方が出てくるのだ。

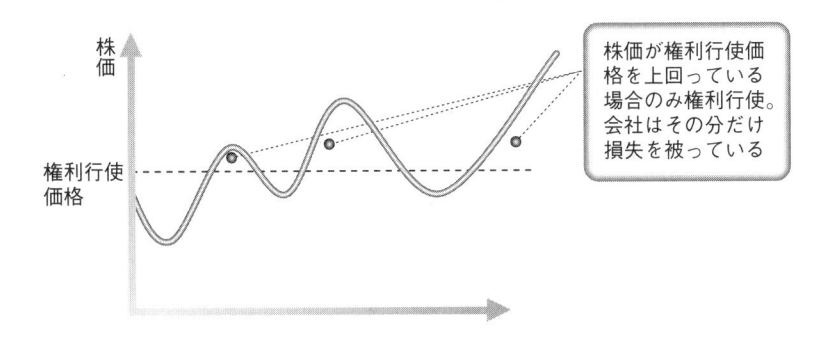

株価が権利行使価格を上回っている場合のみ権利行使。会社はその分だけ損失を被っている

この会計基準が導入されると，ストックオプションの導入にも慎重にならざるを得なくなってくる。例えば，ストックオプションの会計処理は新会計基準では以下のようになる。

> **例　ストックオプションの費用処理**
>
> 　平成18年7月1日に幹部社員に合計100,000株分のストックオプションを付与した。権利行使期間は2年後から5年間である。なお，このストックオプションの価値は5,000円／株と計算された。
> 　この場合，権利行使期間までの2年間にわたって，5,000円／株×100,000株＝500,000,000を給料として処理しなければならなくなる。年間では500,000,000÷2＝250,000,000円の利益圧迫要因となる。
> 　なお，現在の会計基準ではストックオプションについて経費計上されることはない。
> 　ちなみに，ストックオプションの価値を計算するには専門的な知識が必要だが，便宜的に非上場企業については，以下の算式でストックオプションの価値を算出してよいことになっている。
> 　（株式の時価）－（ストックオプションの権利行使価格）

非上場企業の場合，株式の時価は最近の増資株価ということになるだろう。したがって，ストックオプションの権利行使価格を最近の増資価格より低く設定しなければ費用処理の問題は生じない。しかし，株価が暴騰した場合に従業員が一斉に権利行使したら，会社の経済的損失が無限に膨らむ可能性もある。また，従業員も株価ばかり気にして仕事に身が入らなくなる。中にはストックオプション目当てに会社から会社へと渡り歩くツワモノもいる。会計上費用処理しなくて良いとしても，ストックオプションを乱発しすぎるのはよくないだろう。

(4) ストックオプションの設計

　ストックオプションは，安定性はないが将来性のある会社が，従業員に夢を与える大事な手段である。しかし，反面，首尾よく上場したときに株式を売却してキャピタルゲインを得ると同時に退職してしまう従業員もいる。また，株式上場前に会社を去っていく従業員もいるだろう。その場合にストックオプションを行使できないようにしておかないと，不公平感が生じる。

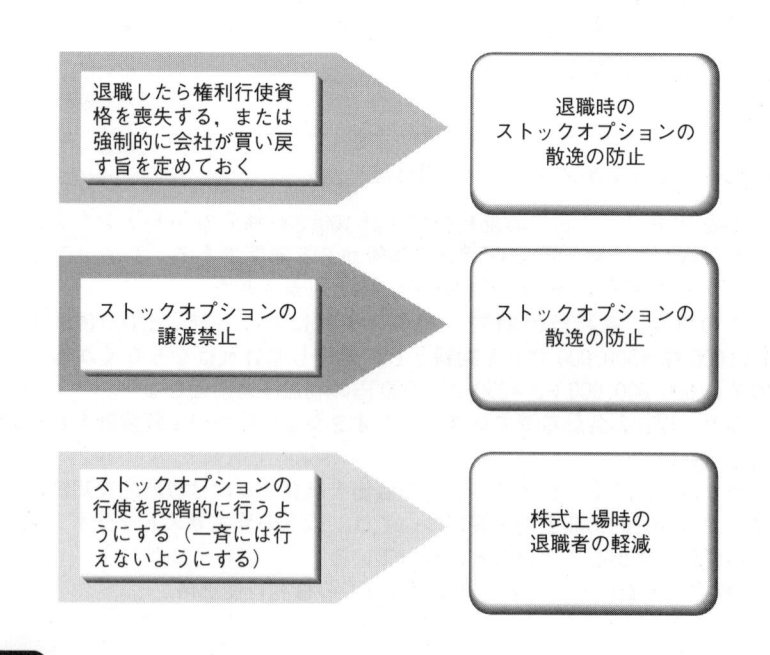

退職したら権利行使資格を喪失する，または強制的に会社が買い戻す旨を定めておく	退職時のストックオプションの散逸の防止
ストックオプションの譲渡禁止	ストックオプションの散逸の防止
ストックオプションの行使を段階的に行うようにする（一斉には行えないようにする）	株式上場時の退職者の軽減

そういったことを避けるためには，事前に防止策をストックオプションの設計段階で織り込んでおけばよい。例えば，ストックオプション導入時に126頁の図のような制限をつけておくのである。

(5) 株式上場前に発行したストックオプションの留意事項

株価の動向次第では莫大なキャピタルゲインを生むストックオプションであるが，上場直前にストックオプションの行使によって発行された株式も，前述の株式発行と同じ規制を受ける。

すなわち，上場前2年間のストックオプションの付与については事細かに上場時に開示しなければならない。また，上場直前事業年度末から1年前の日以降に付与されたストックオプションについては，継続所有に係る確約書を提出しなければならない。

3 新株予約権の発行手続

(1) 総 論

新株予約権を発行する際には次頁の手順による（新会社法238条以下）。おおむね新株発行の手続と同様である。

また，株式の発行と同様，募集事項の決定を取締役会に委任することもできる（新会社法239条1項）。ただし，株式の場合には，払込をした後でなければ株主とならないのに対し，新株予約権の場合には払込の有無にかかわらず割当時に新株予約権者となる点が異なっている。有償の新株予約権発行で払込をしない新株予約権者は単に権利行使ができなくなるだけである。

なお，公開会社については有利発行に該当しない限り株主総会ではなく，取締役会決議で発行ができる（新会社法240条1項）。

❖ 株式譲渡制限会社の新株予約権発行手続

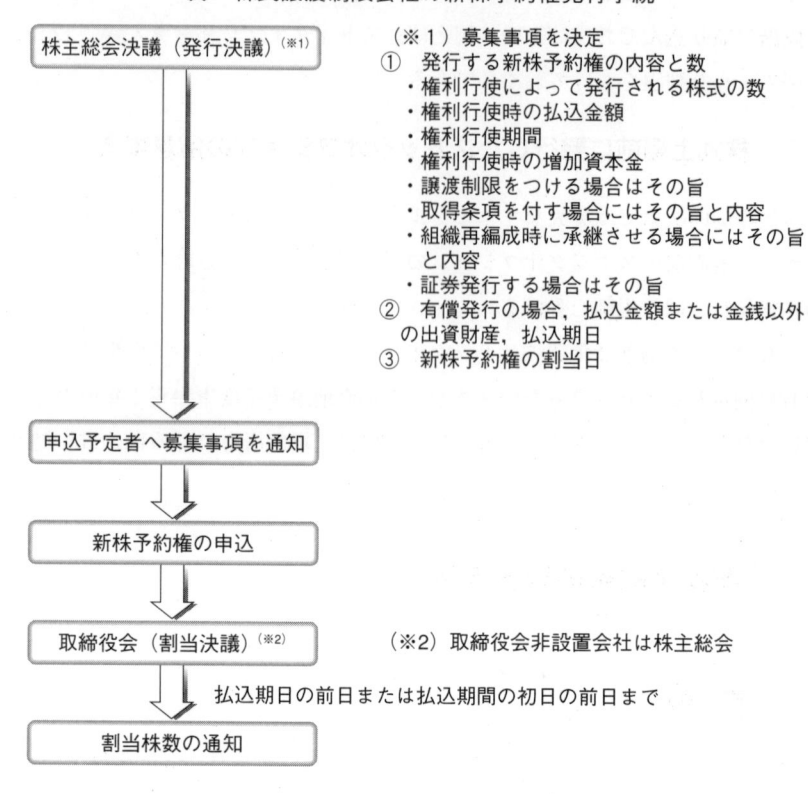

```
┌─────────────────────────┐
│ 株主総会決議（発行決議）(※1) │
└─────────────────────────┘
            │
            ▼
┌─────────────────────────┐
│ 申込予定者へ募集事項を通知 │
└─────────────────────────┘
            │
            ▼
┌─────────────────────────┐
│ 新株予約権の申込         │
└─────────────────────────┘
            │
            ▼
┌─────────────────────────┐
│ 取締役会（割当決議）(※2) │
└─────────────────────────┘
            │
            ▼
┌─────────────────────────┐
│ 割当株数の通知           │
└─────────────────────────┘
```

（※1）募集事項を決定
① 発行する新株予約権の内容と数
　・権利行使によって発行される株式の数
　・権利行使時の払込金額
　・権利行使期間
　・権利行使時の増加資本金
　・譲渡制限をつける場合はその旨
　・取得条項を付す場合にはその旨と内容
　・組織再編成時に承継させる場合にはその旨と内容
　・証券発行する場合はその旨
② 有償発行の場合，払込金額または金銭以外の出資財産，払込期日
③ 新株予約権の割当日

（※2）取締役会非設置会社は株主総会

払込期日の前日または払込期間の初日の前日まで

(2) 新株予約権発行の差止請求及び新株予約権発行無効の訴え

　にわかに注目されている新株予約権であるが，株式の発行と同様，差止請求権と発行無効の訴えが認められている（新会社法247条，828条1項4号）。

　新株予約権発行差止請求の実効性を確保するためには，判決まで時間のかかる訴訟ではなく，訴訟よりも迅速な手続である新株予約権発行禁止の仮処分を申し立てるのが通常である。

　ライブドアがニッポン放送に対して，フジテレビに発行予定の新株予約権の発行差止を求める仮処分を申し立て，ライブドアの申立が認められたことはあ

まりにも有名になった。

4　新株予約権の無償割当

　株主に対して下記事項を定めることにより，新株予約権を無償で割り当てる制度である（新会社法277条，278条1項）。各株主に交付する新株予約権の内容は平等でなければならないとされているが，これは敵対的買収の防衛策として注目されている。

　例えば，新株予約権を無償割当し，その新株予約権の内容として敵対的な買収者が現れた場合には新株予約権を強制取得することができるようにしておけば，全株主に平等に新株予約権を交付する一方で敵対的な買収者を撃退することも不可能ではない。ただし，敵対的買収の防衛策全般にいえることであるが，導入目的が単に経営者の保身であっては，株式市場からも評価されないし，裁判でも勝てないであろう。

新株予約権無償割当決議
- 割り当てる新株予約権の内容及び数または算定方法
- 割り当てる新株予約権が社債付のものである場合は社債の種類及び各社債の金額の合計額または算定方法
- 無償割当の効力発生日
- 種類株式発行会社の場合は割当を受ける株主の有する株式の種類

5　新株予約権の取得・消却・自己新株予約権

　新会社法では新たに自己新株予約権という考え方が採用された。これは一旦発行した新株予約権を，会社が取得するという制度である。
　また，取得した新株予約権を取締役会決議によって消滅させてしまう手続が「新株予約権の消却」である（新会社法276条）。
　特に，ストックオプションを付与する場合に，退職した社員の保有していた新株予約権を失効させて，新入社員が入ったらまた付与決議をするというのは事務手続がかかる。これを退職した社員の新株予約権を会社が自己新株予約権として一旦取得し，新たな付与対象者に交付するということが可能となる。
　なお，新会社法では，取得条項付株式と類似した制度として，一定の事由が生じた場合に会社が新株予約権を強制的に取得できることを定めている（新会社法273条以下）。当該新株予約権を発行する場合には下記の事項を定めることとされている（新会社法236条1項7号）。なお，取得条項付株式とするためには全株主の同意が必要であったが，新株予約権の場合は株主総会の決議のみで発行できる点で敵対的買収防衛策としての効果が期待される。

(a)　一定の事由が生じた場合に新株予約権を取得する旨とその事由
(b)　一定の期日が到来したことが取得の事由となる場合にはその期日
(c)　取得の事由が生じた時に新株予約権の一部を取得する場合にはその旨と取得する新株予約権の一部の決定方法
(d)　取得の対価として株式を交付するときは株式の数（種類株式発行会社の場合は株式の種類及び種類ごとの数）または算定方法
(e)　取得の対価として社債を交付するときはその種類及び種類ごとの社債の合計額または算定方法
(f)　取得の対価として他の新株予約権を交付するときは新株予約権の内容及び数または算定方法
(g)　取得の対価として新株予約権付社債を交付するときは(e)及び(f)の内容

(h) 取得の対価としてその他の財産を交付するときはその内容及び数もしくは額またはその算定方法

6 組織再編（M&A）時の承継

(1) 総論

　合併の場合は当然に契約が存続会社に移転するので，特段の手続がなくとも消滅会社の新株予約権は存続会社に引き継がれる。しかし，株式交換や株式移転，会社分割の場合には当然には承継されない。ほとんどのベンチャー企業でストックオプション制度がある中で，株式交換によって新株予約権が引き継がれないとあっては，株式交換によって従業員のモチベーションは下がってしまうだろう。

　逆に，新株予約権が引き継がれるのであれば，たとえ資本関係では子会社化されようとも，上場を目指して意欲的に仕事に取り組むことができるようになる。

　新会社法では，新株予約権の内容として「会社が株式交換の完全子会社となる場合，株式移転を行う場合に完全親会社に引き継がれる」と定めておけば承継されることとしている（新会社法236条1項8号）。

　また，新株予約権の内容として，さらに踏み込んだ内容としては，「会社の発行済株式数の50％以上を第三者が取得した場合は，権利行使期間にかかわらず，権利行使することができる」とする規定を定めている例もある。これは，敵対的買収防衛策という意味ではなく，友好的M&Aの際にも，ストックオプションを行伸可能とする先端的な経営方針のひとつと評価に値する。

　いずれにしても，M&Aが経営手法として定着してくるのは間違いないであろうから，そういう事態も想定して新株予約権の内容を定めておいた方がよいだろう。

(2) 新株予約権買取請求

①組織再編における各契約・計画に規定された割当新株予約権に関する事項が，当初の発行決議の際の条件と合致していない場合，②分割，株式交換または株式移転において発行決議の定めに反して新株予約権が交付されない場合，消滅会社等に対し，当該新株予約権を公正価額で買い取ることを請求できる（新会社法787条1項，808条1項）。

書式　新株予約権付与契約書（サンプル）

新株予約権付与契約書

株式会社●●●（以下甲という。）と■■■（以下乙という。）は，後記記載の内容の新株引受権付与について下記のとおり契約した。

（新株予約権の割当て）
第1条　甲は，乙に対して，次の要領で発行する甲の新株予約権を割り当て，乙はこれを引き受ける。
　(1)　新株予約権の名称　第1回新株予約権
　(2)　新株予約権の目的となる株式の種類および数
　　　当社普通株式　　●●株
　　　なお，当社が株式分割または株式併合を行う場合，次の算式により目的となる株式の数を調整するものとする。ただし，かかる調整は，新株予約権のうち，当該時点で行使されていない新株予約権の目的となる株式の数について行われ，調整の結果生じる1株未満の株式については，これを切り捨てる。
　　調整後株式数　＝　調整前株式数　×　分割・併合の比率
　　　また，当社が他社と吸収合併もしくは新設合併を行い本件新株予約権が承継される場合，または当社が新設分割もしくは吸収分割を行う場合，当社は必要と認める株式数の調整を行う。
　(3)　割り当てる新株予約権の数
　　　●●個（新株予約権1個につき普通株式●株。ただし，前号に定める株式数の調整を行った場合は，同様の調整を行う。）
　(4)　新株予約権の発行価額
　　　無償とする。
　(5)　新株予約権の発行日
　　　平成●●年●●月●●日
　(6)　各新株予約権の行使に際して払込をすべき金額
　　　金●●円
　　　各新株予約権の行使に際して払込をすべき金額は，各新株予約権の行使により発行する株式1株当たり払込価額（以下，行使価額とする）に付与株式数を乗じた金額とする。
　　　行使価額　金●●円とする。

なお，当会社が行使価額を下回る払込金額で新株の発行または自己株式の処分をするときは，次の算式により行使価額を調整し，調整により生じる1円未満の端数は切上げる。

$$\text{調整後行使価額} = \frac{\text{既発行株式数} \times \text{調整前行使価額} + \text{新規発行又は処分株式数} \times \text{1株当たり払込金額又は処分価額}}{\text{既発行株式数} + \text{新規発行株式数又は処分株式数}}$$

上記算式において「既発行株式数」とは，当社が保有する自己株式数を控除した数とする。

また，株式分割または株式併合を行う場合，次の算式により払込価額を調整し，1円未満の端数は切り上げる

$$\text{調整後行使価額} = \text{調整前行使価額} \times \frac{1}{\text{分割・併合の比率}}$$

さらに，当社が他社と吸収合併もしくは新設合併を行い本件新株予約権が承継される場合，または当社が新設分割もしくは吸収分割を行う場合，当社は必要と認める払込価額の調整を行う。

(7) 新株予約権の行使期間
　　平成●●年●●月●●日から平成●●年●●月●●日まで
(8) 新株予約権の行使の条件（払込価額及び行使期間を除く。）
　　各新株予約権の一部行使は，できないものとする。
(9) 会社が新株予約権を消却することができる事由及び消却条件
　　当社は，いつでも新株予約権を買入又は取得しこれを無償で消却することができる。
(10) 新株予約権の譲渡制限
　　本契約によって発行される新株予約権は譲渡することができない。
(11) 新株予約権証券
　　新株予約権者の請求あるときに限り，新株予約権証券を発行する。
(12) 新株発行価額中資本に組み入れない額
　　新株予約権の行使により新株を発行する場合のその新株の発行価額中資本に組み入れない額は，当該発行価額より資本に組み入れる額を減じた額とする。資本に組み入れる額とは，当該発行価額に0.5を乗じた額とし，計算の結果1円未満の端数を生じる場合は，この端数を切り上げた額とする。
(13) 株式交換・株式移転の場合の承継に関する事項

①当社が完全子会社となる株式交換または株式移転を行うときは,完全親会社に新株予約権を承継することができる。
②承継する新株予約権の目的となる株式の種類および数
完全親会社の普通株式とし,当社普通株式1株当たりの完全親会社株式の割当比率により株式数を決定し,1株未満の端数は切り捨てる。
③承継する新株予約権の行使に際して払込をすべき金額は次の算式により決定し,1円未満の端数は切り上げる。

$$承継後行使価額 = 承継前行使価額 \times \frac{1}{当社普通株式1株当たりの完全親会社株式の割当比率}$$

④承継する新株予約権の行使期間は,第7号に定める期間とし,承継時に行使期間開始日が到来しているときは,株式交換または株式移転の効力発生日から第7号に定める期間の満了日までとする。

(14) 新株予約権の行使に際して払込を取り扱う銀行または信託会社およびその取扱の場所
新株予約権の行使期間開始までに決定し新株予約権者に通知する。

(新株予約権の行使)
第2条　乙が新株予約権を行使するときは,当社所定の新株予約権行使請求書に引き受ける新株予約権行数及び住所・氏名を記載し押印のうえ甲に提出するとともに,甲が定めた払込銀行又は信託会社に,新株予約権の行使に際して払い込むべく金額を払い込まなければならない。新株予約権証券が発行されている場合は,併せて添付する。

(株主となる時期)
第3条　乙が第2条の規定による新株予約権を行使したときは,払込の時に株主となる。

(新株等の発行)
第4条　甲は,本契約に従い,乙がこの新株予約権を行使して甲に対し株式の交付を請求したときは,遅滞なく乙に対し新株の発行する。

平成●●年●●月●●日

（甲）●●県●●市……
　　　株式会社　●●●
　　　代表取締役　●●●

（乙）●●県●●市●●区●●町……
　　　■■■

6 M&A

1 株式取得

(1) 総論

　事業拡大意欲の強いベンチャー企業ではM&A（合併・買収）が強力な経営ツールとなる。特にこれからのベンチャー企業経営はM&A抜きには語れないだろう。M&Aはいくつかの手法があるが，他社の株式を一定比率以上取得することによって経営権を取得するのが「株式取得」である。「株式取得」は，発行済株式を既存の株主から買い取る「株式譲渡」と，新たに株式を発行し会社が増資する形態を採る「増資引受」とに分けられる。この「株式取得」による買収はM&Aの手法の中でもシンプルな方法で，最もよく使われる方法である。

(2) 株式取得の手続

買収する企業が株式譲渡制限会社の場合の株式取得手続は以下のとおりである。

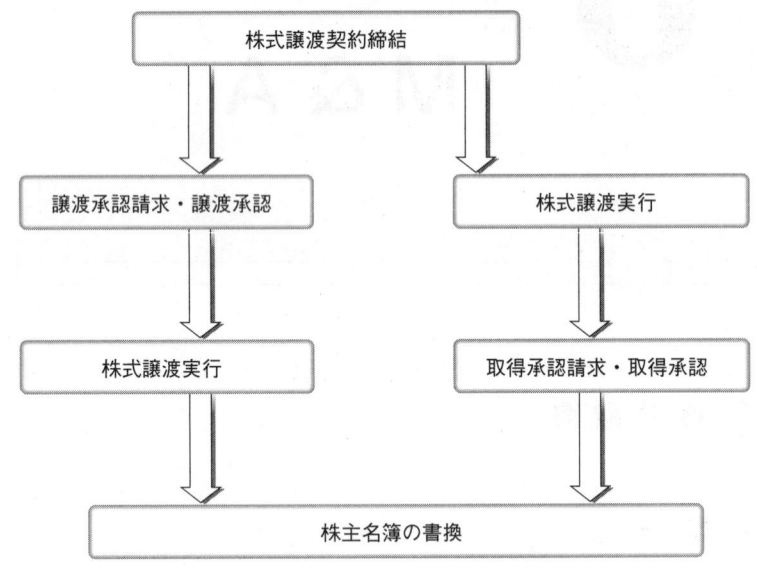

```
           株式譲渡契約締結
           ↓          ↓
   譲渡承認請求・譲渡承認    株式譲渡実行
           ↓          ↓
       株式譲渡実行    取得承認請求・取得承認
           ↓          ↓
           株主名簿の書換
```

※ 詳細は第4章2「株式の譲渡」(102ページ)を参照。

(3) 相手先企業の定款に注意

新会社法では，定款変更決議の要件の加重や，株式譲渡制限会社における役員の任期延長（最長10年），取得条項付株式に関する事項など，M&Aの際にきわめて重要な事項を定款で定めることができるようになる。議決権の過半数を取得したといっても定款の規定によっては支配権の確保が危うくなるケースも考えられる。このため，新会社法の規定だけではなく，定款の内容確認が今まで以上に重要になってくる。

例えば，定款変更決議についての決議要件を加重していたり，あるいは種類株式を発行していたり，あるいは役員の選任・解任に関しての決議要件を加重

第6章 M&A

している場合，単に議決権の過半数を取得しても経営権が制約されてしまうことになる。買収後の経営に支障が出るような規定が定款にないか，買収前のデューディリジェンスで入念にチェックし，もしこういった規定が存在していれば，定款変更を買収契約締結の条件とするべきだろう。

(4) のれん代（連結調整勘定）の償却マジック

　良いか悪いかは別として，ベンチャー企業が株式市場で認められるためには何といっても成長性が求められる。そうした場合に役立つのが会計知識である。M&Aで他社を買収する場合，通常はプレミアムをつける。よい会社であればプレミアムをつけないと売却に応じてくれないからだ。このプレミアムをのれん代（連結調整勘定）というが，これは会計基準では20年以内に償却すると決められている。これを逆手にとって，一括償却することによって成長性をアピールすることが可能となるのだ。

（買収する会社の業績）	
売 上 高	20億円
売 上 原 価	15億円
販 管 費	3億円
営 業 利 益	2億円
法 人 税 等	0.8億円
純 利 益	1.2億円
純 資 産	5億円

（自社の業績）	
売 上 高	50億円
売 上 原 価	40億円
販 管 費	7億円
営 業 利 益	3億円
法 人 税 等	1.2億円
純 利 益	1.8億円
純 資 産	10億円

　上図のような場合に，相手の会社を15億円で買収したとしよう。この場合，連結決算上，10億円（＝買収金額15億円－買収される企業の純資産5億円）ののれん代（連結調整勘定）が発生する。このれん代は5年で償却するとする。そうなると，今後5年間は毎年2億円（＝10億円÷5年）の償却負担が増える。両者ともに利益成長がないとした場合に今後の連結決算は次図のようになる。

	買収前	買収後1期
売上高	50億円	70億円
売上原価	40億円	55億円
販管費（※）	7億円	12億円
営業利益	3億円	3億円
法人税等	1.2億円	2億円
純利益	1.8億円	1億円

（※）買収1期目の販管費＝3億円＋7億円＋のれん代償却2億円＝12億円

　事業を拡大しようと思って買収したのに，のれん代の償却が重くて純利益が減ってしまっている。成長性をアピールしようにも大きな足かせになってしまう。これでは何のために買収したのか分からない。こんな状態が5年も続くのだ。時間が大事なベンチャー企業にとってはこれは耐えられない。これをカバーするための手法が，「一括償却」である。つまり，買収したときに一括で特別損失に計上してしまうのだ。

（一括償却）

	買収前	買収後1期
売上高	50億円	70億円
売上原価	40億円	55億円
販管費（※）	7億円	10億円
営業利益	3億円	5億円
特別損失	0	10億円
税引前利益	3億円	△5億円
法人税等	1.2億円	2億円
純利益	1.8億円	△7億円

営業利益からすると先ほどとは違い，成長性があるようにみえる。このようなのれん代の一括償却は多くのベンチャー企業で使われている。しかし残念なことに，会計基準の変更の方向性としては一括償却を認めないようにするようだ。株式上場（IPO）を目指しているのであれば，監査法人とよく協議した方がよいだろう。

書式　株式譲渡契約書（サンプル）

株式譲渡契約書

　株式会社●●●（以下「甲」という）と■■■（以下「乙」という）は以下のとおり契約（以下「本契約」という）する。

（株式譲渡）
第1条　乙は自己の所有する株式会社 ABC 株式●●株を●●円にて平成●年●月●日に甲に譲渡する。

（譲渡承認手続）
第2条　乙は本契約締結後，速やかに株式会社 ABC に対して譲渡承認請求を行うものとする。なお，本契約は株式会社 ABC の承認が得られなかった場合にはその効力を失う。

（規定外事項）
第3条　本契約書に定めなき事項及び解釈上疑義が生じた場合は，甲乙協議のうえ，誠意をもって解決するものとする。

　本契約書締結の証として本書2通を作成し，甲乙記名捺印のうえ各1通を保有する。

　　平成●年●月●日

　　　　　　　　　　　甲　　株式会社●●●
　　　　　　　　　　　乙　　■■■

2 事業の譲渡

(1) 総　論

　旧商法では「営業の譲渡（営業譲渡）」と呼ばれていたが，新会社法では「事業の譲渡（事業譲渡）」と呼びかえることになった。事業譲渡は，相手先の会社の特定の事業部門だけを限定して買収したり，特定の資産のみを限定して買収したり，特定の債務を引き継がないことが可能で買収側にとってはリスクが少ない買収手法である。

　また，営業権（のれん代）については5年で償却できるほか，取得する固定資産は中古資産の短い耐用年数で償却できるなど買収側にとっては節税効果も大きい。反面，契約関係は当然には承継されず，個々の契約の移転手続が必要になるので手続が煩雑だというデメリットもある。

❖　事業譲渡の営業権の償却メリット

（買収する会社の業績）	
売　上　高	20億円
売 上 原 価	15億円
販　管　費	3億円
営 業 利 益	2億円
法 人 税 等	1億円
純　利　益	1億円
純　資　産	5億円

（自社の業績）	
売　上　高	50億円
売 上 原 価	40億円
販　管　費	7億円
営 業 利 益	3億円
法 人 税 等	1.5億円
純　利　益	1.5億円
純　資　産	10億円

第6章　M&A

　先ほどのM&Aを株式取得ではなく，10億円ののれん代をつけて事業譲受によった場合の損益は以下のとおりとなる。

	買収前	買収後1期
売上高	50億円	70億円
売上原価	40億円	55億円
販管費（※）	7億円	12億円
営業利益	3億円	3億円
特別損失	0	0
税引前利益	3億円	3億円
法人税等	1.2億円	1.2億円
純利益	1.8億円	1.8億円

　のれん代の一括償却に比べればインパクトは薄いが，営業権が税制上経費算入できるので，節税効果が効いてこれが利益を押し上げている。また，買収後のキャッシュフローは3.8億円（純利益1.8億円＋のれん代償却2億円）となり，株式取得の場合のキャッシュフローと比べて投資回収が早くなる（株式取得の場合のキャッシュフロー：3億円＝連結純利益1億円＋のれん代償却2億円）。これが事業譲受によるM&Aのメリットであるが，逆に譲渡した側は多額の事業譲渡益が発生するので，周到なタックスプランニングが求められる。

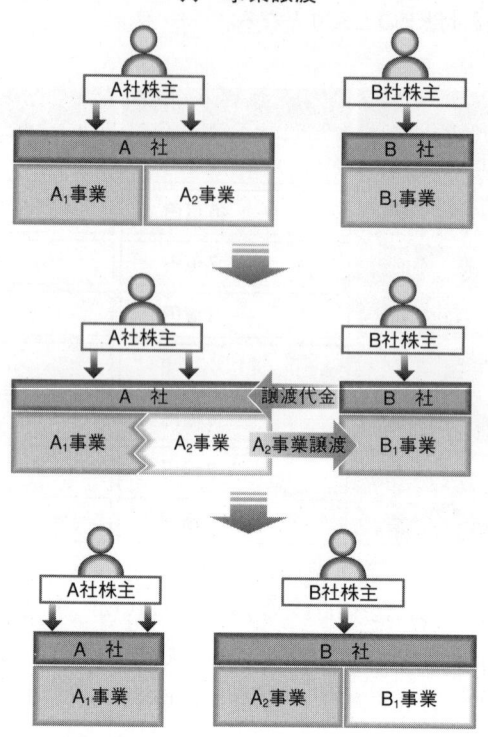

❖ 事業譲渡

(2) 事業譲渡の手続

① 事業の譲受側

新会社法では事業譲受の承認手続が緩和された。新会社法では出資比率が90％以上（新会社法468条1項。略式事業譲渡）であるか純資産の20％以下（定款で引下げ可能）の事業譲受（新会社法468条2項。簡易事業譲渡）であれば，相手先の事業の全部の譲受であっても株主総会の承認は不要である。

❖ 事業譲受手続

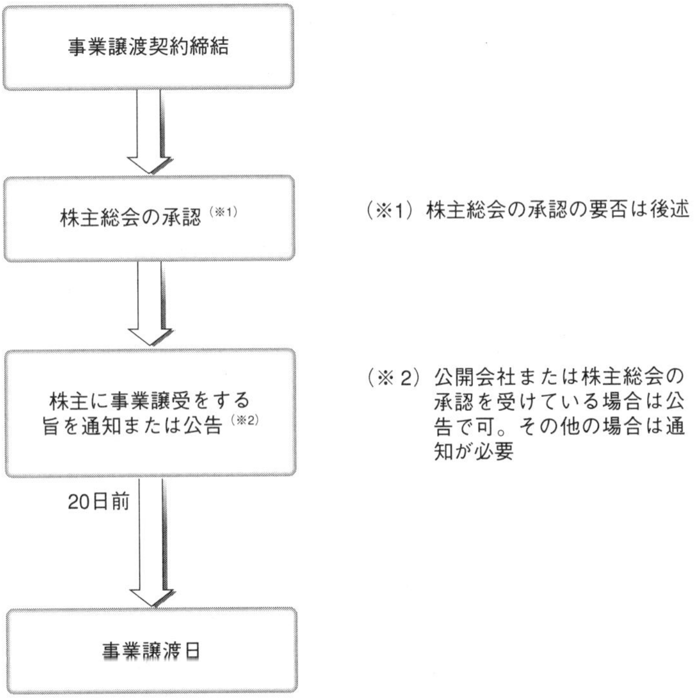

```
┌─────────────────┐
│  事業譲渡契約締結  │
└────────┬────────┘
         ↓
┌─────────────────┐
│ 株主総会の承認(※1) │     (※1) 株主総会の承認の要否は後述
└────────┬────────┘
         ↓
┌─────────────────┐
│ 株主に事業譲受をする │     (※2) 公開会社または株主総会の
│ 旨を通知または公告(※2)│          承認を受けている場合は公
└────────┬────────┘           告で可。その他の場合は通
      20日前                    知が必要
         ↓
┌─────────────────┐
│    事業譲渡日     │
└─────────────────┘
```

なお，事業譲渡に反対する株主は，株主総会に先立って会社に書面で反対の意思表示をした上で，株主総会に出席して反対の意思表示をして自己の有する株式を公正な価格で買い取ることを請求できる（新会社法469条）。この際，株主と会社の間で株式の買取価格で交渉が成立した場合には60日以内に対価の授受を行い，交渉が不調の場合，株主または会社は，事業譲渡日から30日以内に裁判所に価格決定の申立をすることができる（新会社法470条）。

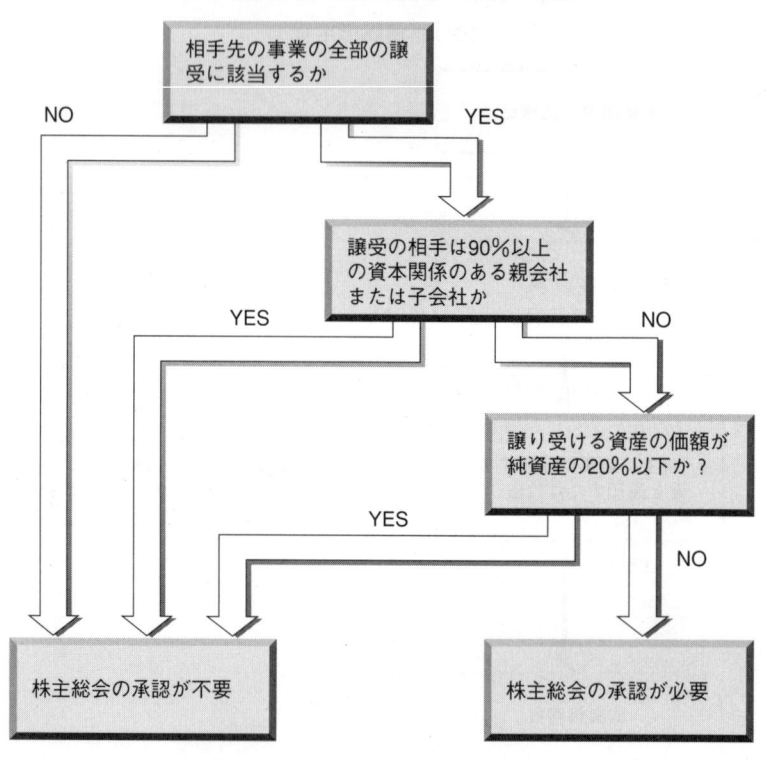

❖ 譲受会社の株主総会の承認の要否

```
              ┌─────────────────┐
              │相手先の事業の全部の譲│
              │受に該当するか     │
              └─────────────────┘
         NO              YES
          │               │
          │               ▼
          │      ┌─────────────────┐
          │      │譲受の相手は90％以上│
          │      │の資本関係のある親会社│
          │      │または子会社か     │
          │      └─────────────────┘
          │    YES              NO
          │     │               │
          │     │               ▼
          │     │      ┌─────────────────┐
          │     │      │譲り受ける資産の価額が│
          │     │      │純資産の20％以下か？ │
          │     │      └─────────────────┘
          │     │       YES        NO
          │     │        │          │
          ▼     ▼        ▼          ▼
    ┌─────────────────┐   ┌─────────────────┐
    │株主総会の承認が不要│   │株主総会の承認が必要│
    └─────────────────┘   └─────────────────┘
```

② 事業の譲渡側

事業の譲渡手続は譲受の場合と同じである。ただし，事業全部の譲受の際の簡易事業譲受の基準が「純資産」の20%以下であった（新会社法468条2項）のに対し，譲渡側では簡易事業譲渡の基準が「総資産」の20%以下である（新会社法467条1項2号）ことには注意が必要である。

❖ 譲渡会社の株主総会の承認の要否

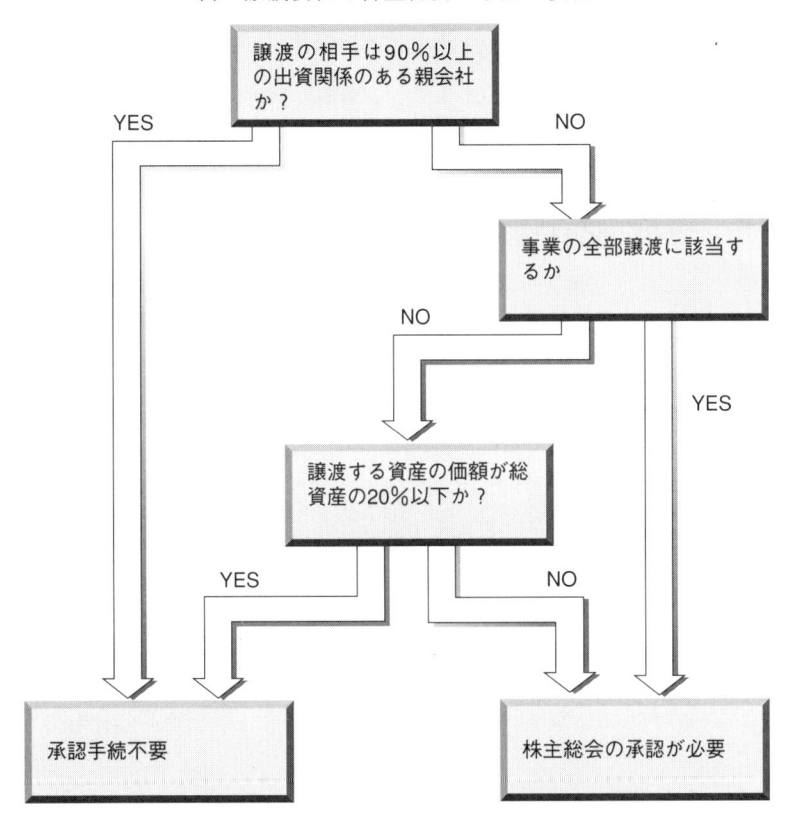

```
          譲渡の相手は90%以上
          の出資関係のある親会社
          か？
   YES                    NO
    │                      │
    │              事業の全部譲渡に該当す
    │              るか
    │           NO          YES
    │            │           │
    │      譲渡する資産の価額が総
    │      資産の20%以下か？
    │       YES       NO      │
    │        │         │      │
    ▼        ▼         ▼      ▼
   承認手続不要         株主総会の承認が必要
```

(3) 事後設立規制

　事業の譲受をする場合に，商号や経営体制の面から一旦新会社（一般的に「受皿会社」といわれている）を設立し，その新会社が譲り受けるというスキームが採られることもある。旧商法では，こういった場合は事後設立に当たり，事業譲受の対価が純資産の5％以上の場合には裁判所の選任した検査役の調査を受けるか，弁護士や公認会計士の財産価額証明を受けなければならなかった。これにはコストと時間がかかるので，これを避けるために設立後2年以上経過した休眠会社を買い取ってきて，これに買い受けさせるという方法がよく採られていたが，新会社法では事後設立につき，検査役の調査や財産価額証明が不要となった。新会社法においても株主総会特別決議は必要だが，譲受の対価が純資産の20％以下であれば株主総会決議も不要である（新会社法467条1項5号）。

　なお，譲渡会社の競業禁止に関する特約の効力が制限される範囲について，「同府県および隣接府県」という限定を設けないものとした（新会社法21条2項）。

事業譲渡契約書（サンプル）

事業譲渡契約書

　株式会社ABC（以下「甲」という）及び株式会社XYZ（以下「乙」という）は，次のとおり契約（以下「本契約」という）を締結する。
（事業譲渡）
第1条　乙は甲に対し平成●年●月●日（以下「事業譲渡日」という）付で事業の全部を譲渡し，甲はこれを譲り受ける。
（譲渡財産）
第2条　甲が譲り受ける財産は別紙記載の財産のみとし，それ以外の乙の資産・負債は一切引き継がないものとする。
（譲渡代金）
第3条　事業譲渡代金は●●円（消費税を含む）とする。
（事業譲渡承認手続）
第4条　甲及び乙は事業譲渡日までに株主総会を開催し，本契約の承認を得るものとする。
（規定外事項）
第5条　本契約書に定めのない事項については，甲乙誠意をもって別途協議する。

　本契約締結の証として，本書2通を作成し甲乙記名捺印のうえ各1通を保有する。

　　平成●年●月●日

　　　　　　　　　　　　甲　株式会社ABC
　　　　　　　　　　　　乙　株式会社XYZ

（別紙省略）

3 合併

(1) 総論

　M&Aの究極の形態である。合併には，2社以上が合併して新会社を設立する「新設合併」（新会社法2条28号）と，一方が他方（複数でも可）を吸収し，吸収された会社が消滅する「吸収合併」（新会社法2条27号）があるが，「新設合併」が行われることはほとんどなく，「合併」≒「吸収合併」と考えても差し支えないぐらいである。

第6章 M&A

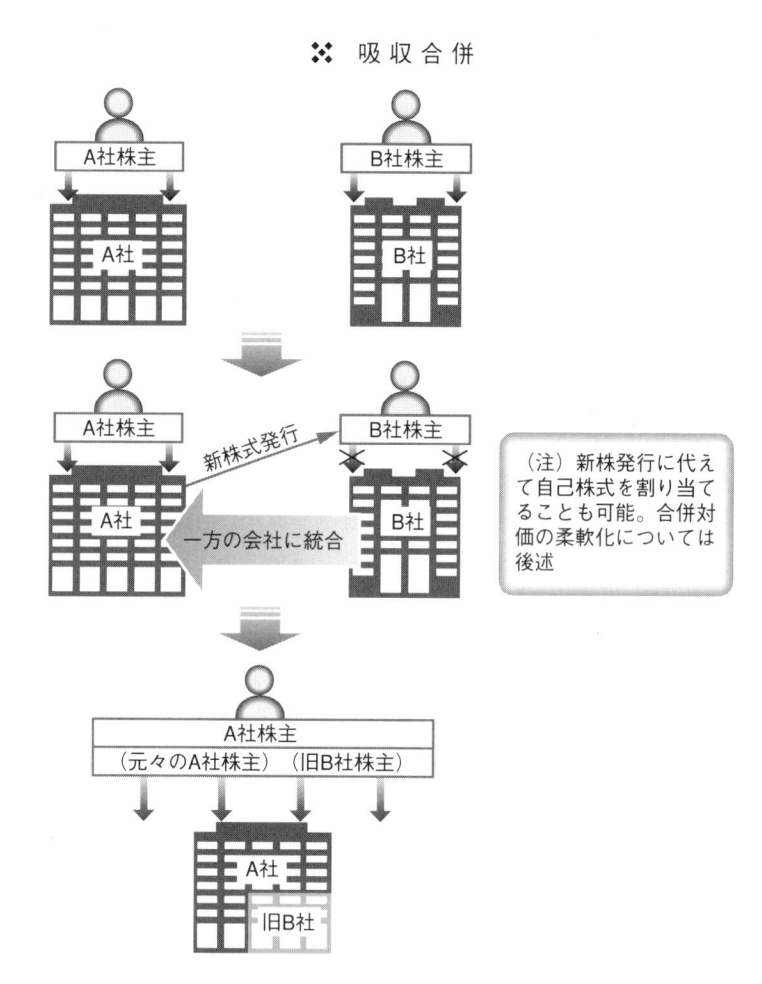

❖ 吸収合併

A社株主 　　　B社株主
A社　　　　　　B社

↓

A社株主　　新株式発行　　B社株主
A社　　←一方の会社に統合　B社

（注）新株発行に代えて自己株式を割り当てることも可能。合併対価の柔軟化については後述

↓

A社株主
（元々のA社株主）（旧B社株主）
A社
旧B社

(2) 合併の手続

　吸収合併による消滅会社は株主総会決議の特別決議または特殊決議によって承認を得なければならない（新会社法783条1項，309条2項12号，3項）。ただし，略式組織再編成に該当する場合（親会社が株式の90％以上を保有している場合）は一定の株主保護手続を行う必要はあるが，承認決議自体は不要である（新会社法784条1項）。

　また，存続会社についても原則として株主総会の決議が必要である（新会社法795条1項）が，一定規模以下の合併については株主総会を開催しなくてよいことになっている（新会社法796条3項。簡易合併）。小規模な合併にまで株主総会の開催を要求するのは株主総会開催に伴う事務手間の面から現実的ではないからである。なお，簡易合併に該当する基準は，消滅会社の株主に交付する財産の帳簿価額が，純資産の20％以下の場合である（新会社法796条3項）。

　簡易合併に該当すれば，存続会社においては株主総会を開催する必要がないので，迅速な合併が可能となる。もちろん，決議要件を定款によって厳しくすることは可能である（新会社法796条3項括弧書）。例えば，簡易合併の基準として消滅会社の株主に交付する財産の価額が純資産の10％以下を簡易合併とする旨の規定を独自に定款に定めることはできる。

　なお，吸収合併における存続会社が株式譲渡制限会社である場合において，譲渡制限株式を消滅会社株主に交付する簡易手続は利用できず，原則に戻って株主総会の特別決議が必要であるとされた（新会社法796条3項但書，同条1項但書）。

(3) 債務超過会社の吸収合併

　旧商法では，債務超過会社を消滅会社とする吸収合併は資本充実の原則に反するので，できないとされていた。しかし，新会社法では存続会社において株主総会の特別決議を経ることによってこれが可能となった（新会社法795条2

項)。

　債務超過であっても，存続会社が何らかの価値を見出して消滅会社の株主に対価を支払うのであるから，それを追認しようということであろう。ただし，株主に対してなぜそれだけの価値があるのか説明責任を果たす必要はある（新会社法 795 条 2 項）。

(4) 反対新株予約権者の株式買取請求権

　旧商法では，合併に反対する株主は株式買取請求をすることができた。新会社法でもこの点に変更はない（新会社法 785 条）が，新たに一定の条件に該当する新株予約権者にも買取請求権が認められた（新会社法 787 条）。もちろん，新株予約権者は株主ではないので，合併の決議そのものに加わることはできないが，潜在株主として反対する権利のみを認めた。

　なお，買取価格について，新会社法では単に「公正な価格」とだけ規定されるに至ったが，これは，合併によるシナジー効果を考慮した価格で買取を行う義務を会社に課すということである。

(5) 新会社法に則った合併スケジュール（株式交換の場合もこれに類似）

❖ 通常の合併スケジュール

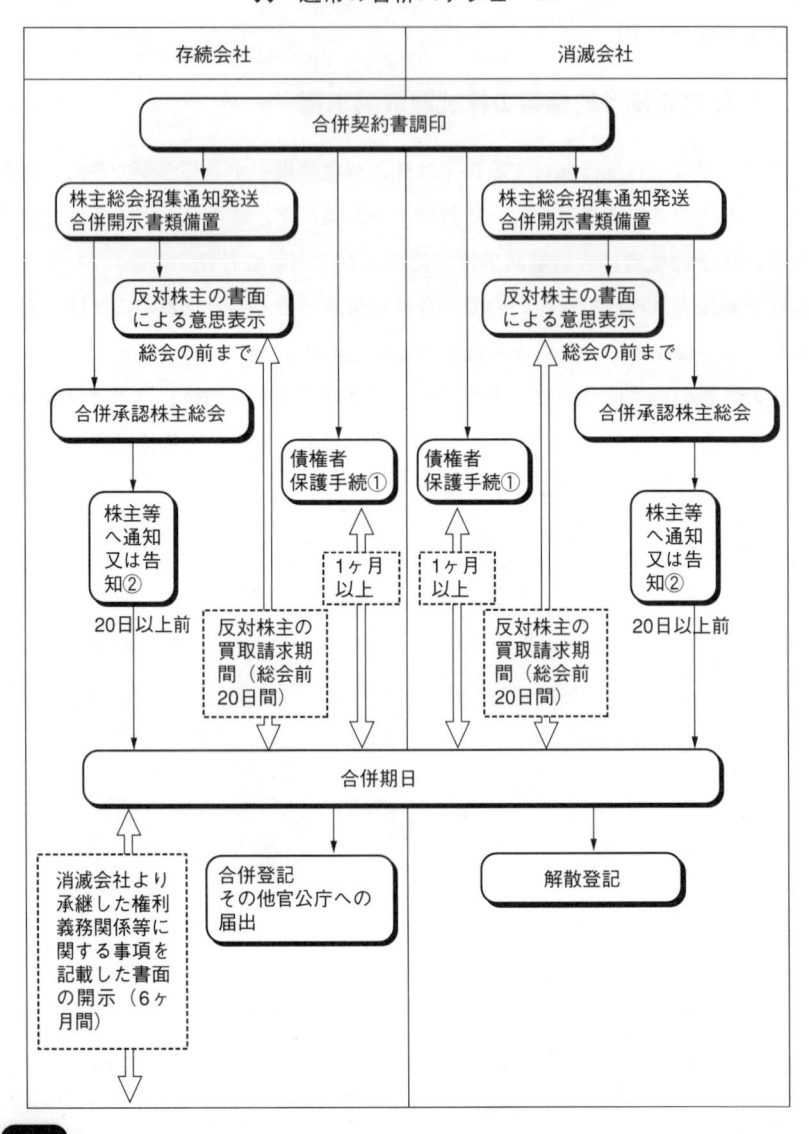

存続会社	消滅会社

合併契約書調印

存続会社側：
- 株主総会招集通知発送／合併開示書類備置
- 反対株主の書面による意思表示（総会の前まで）
- 合併承認株主総会
- 株主等へ通知又は告知②（20日以上前）
- 反対株主の買取請求期間（総会前20日間）
- 債権者保護手続①（1ヶ月以上）
- 合併期日
- 消滅会社より承継した権利義務関係等に関する事項を記載した書面の開示（6ヶ月間）
- 合併登記 その他官公庁への届出

消滅会社側：
- 株主総会招集通知発送／合併開示書類備置
- 反対株主の書面による意思表示（総会の前まで）
- 合併承認株主総会
- 株主等へ通知又は告知②（20日以上前）
- 反対株主の買取請求期間（総会前20日間）
- 債権者保護手続①（1ヶ月以上）
- 合併期日
- 解散登記

(注)
① 債権者保護手続は，原則として官報に公告し，かつ，会社で認知している債権者に対して，(a)合併する旨，(b)存続会社，(c)存続会社及び消滅会社の決算書，(d)異議を申し述べられる期間を個別に催告しなければならない（新会社法789条2項）。しかし，現実には債権者全員に個別に通知をすることは膨大な手間がかかる。そのため，新会社法では①官報公告＋日刊新聞紙への公告，②官報公告＋電子公告のいずれかによることによって，個別の通知を省略することができると定めている（新会社法789条3項）。

また，旧商法では債権者保護手続は株主総会決議後でなければできなかった（旧商法第412条第1項）が，新会社法では株主総会決議後でなくてもよくなった。

② 通知又は公告の内容は，(a)吸収合併する旨，(b)合併相手会社の商号・住所である。また，株主総会で承認を受けた場合かまたは自社が公開会社である場合には株主への個別通知は必要なく，公告で足りるとされている。

なお，消滅会社が株券発行会社である場合は，合併期日の1ヶ月以上前に株券提供公告をしなければならない。

❖ 簡易合併スケジュール

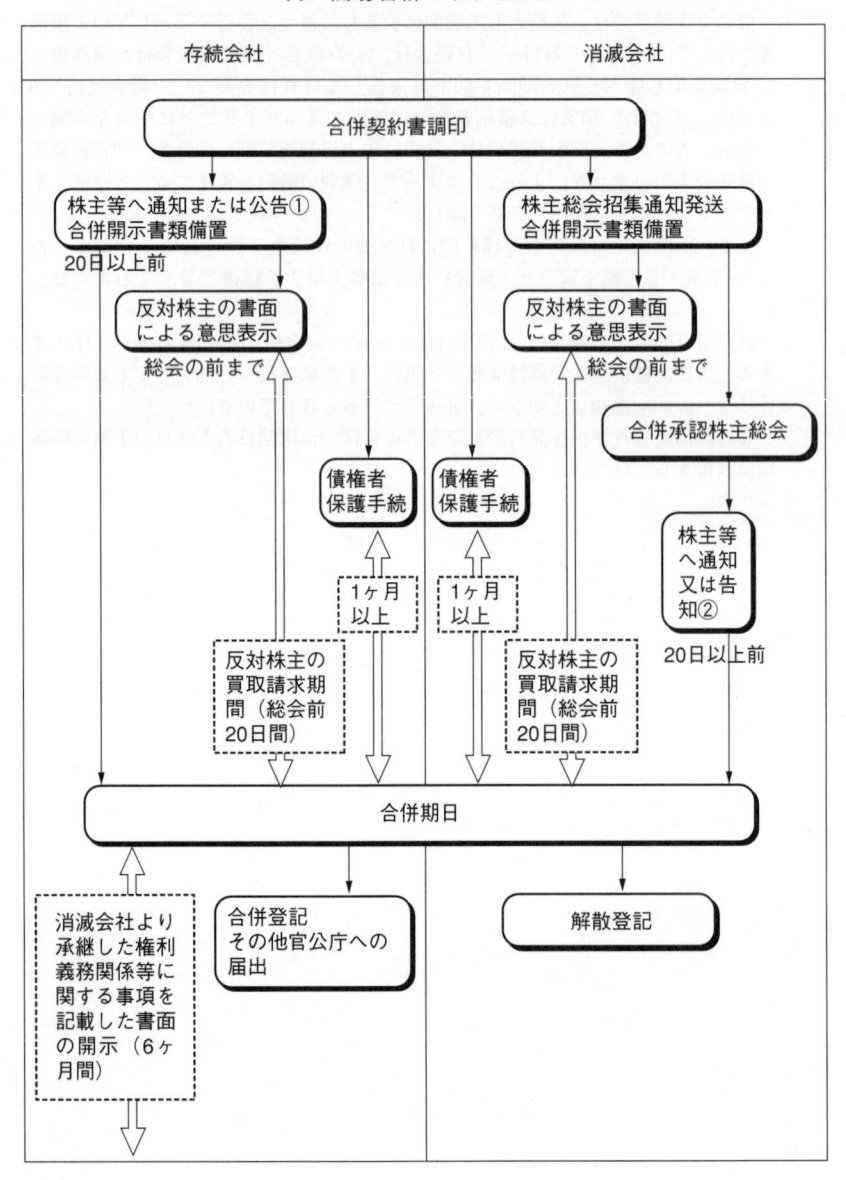

存続会社	消滅会社

合併契約書調印

存続会社側:
- 株主等へ通知または公告①
  合併開示書類備置
  （20日以上前）
- 反対株主の書面による意思表示（総会の前まで）
- 債権者保護手続（1ヶ月以上）
- 反対株主の買取請求期間（総会前20日間）

消滅会社側:
- 株主総会招集通知発送
  合併開示書類備置
- 反対株主の書面による意思表示（総会の前まで）
- 合併承認株主総会
- 株主等へ通知又は告知②（20日以上前）
- 債権者保護手続（1ヶ月以上）
- 反対株主の買取請求期間（総会前20日間）

合併期日

- 消滅会社より承継した権利義務関係等に関する事項を記載した書面の開示（6ヶ月間）
- 合併登記　その他官公庁への届出
- 解散登記

(注)
① 反対の意思表示をする株主が一定数以上の場合には株主総会の承認が必要となる（新会社法第796条第4項）。なお、この数については法務省令で定めることになっている。ちなみに旧商法では議決権数の6分の1以上の反対があった場合には株主総会の承認が必要とされていた（旧商法第413条ノ3第8項）。
② 通知又は公告の内容は、(a)吸収合併する旨、(b)合併相手会社の商号・住所である。また、株主総会で承認を受けた場合かまたは自社が公開会社である場合には株主への個別通知は必要なく、公告で足りるとされている。

なお、消滅会社が株券発行会社である場合は、合併期日の1ヶ月以上前に株券提供公告をしなければならない。

❖ 略式合併スケジュール

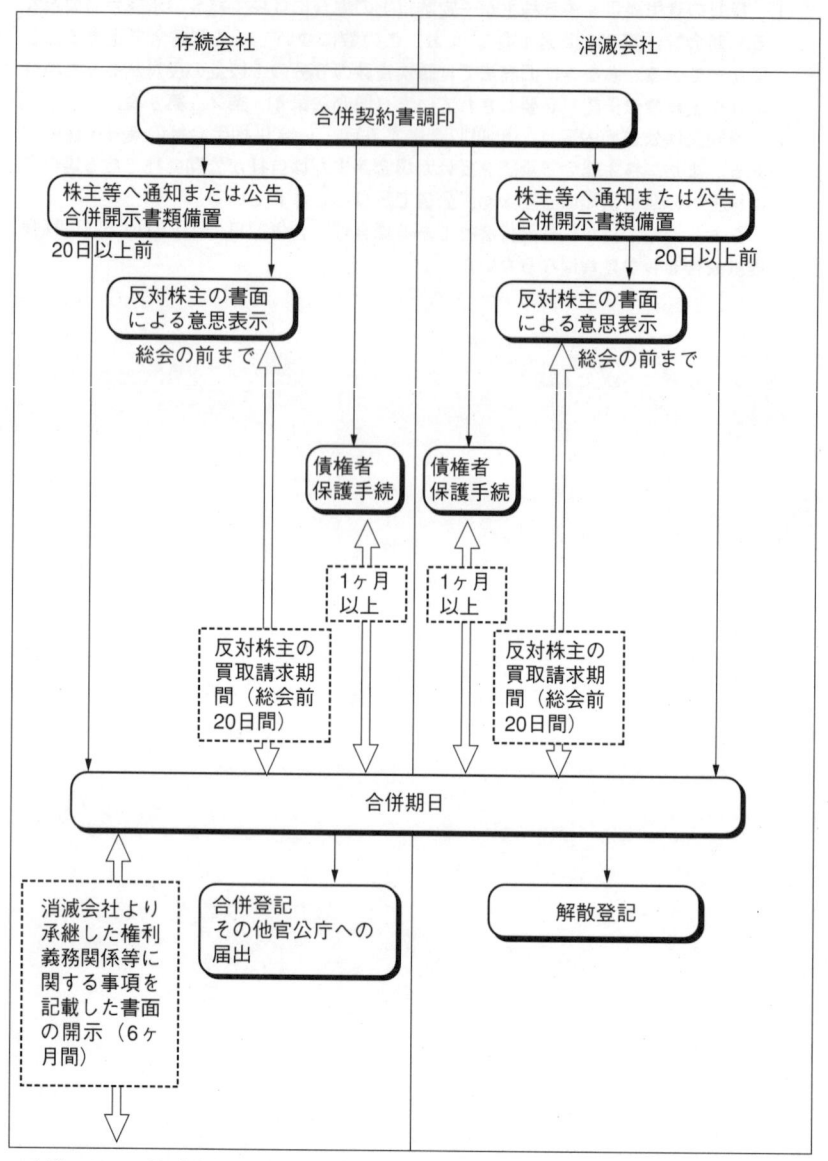

存続会社	消滅会社

- 合併契約書調印
- 株主等へ通知または公告／合併開示書類備置（20日以上前）
- 反対株主の書面による意思表示（総会の前まで）
- 債権者保護手続（1ヶ月以上）
- 反対株主の買取請求期間（総会前20日間）
- 合併期日
- 合併登記／その他官公庁への届出
- 解散登記
- 消滅会社より承継した権利義務関係等に関する事項を記載した書面の開示（6ヶ月間）

※上記のほか，消滅会社が株券発行会社である場合には合併期日の1ヶ月以上前に株券提供広告をしなければならない。

合併契約書(サンプル)

合併契約書

　株式会社ABC(以下「甲」という)と,株式会社XYZ(以下「乙」という)は,以下のとおり合併契約(以下「本契約」という)を締結する。

(合併の方法)
第1条　本契約第5条に定める合併期日をもって,甲は乙を吸収合併し,乙の権利義務の一切を承継して存続し,乙は解散する。

(合併比率)
第2条　甲は,合併に際して,普通株式××株を発行し,合併期日の前日の最終の乙の株主名簿に記載された株主に対して,その所有する乙の株式1株につき,甲の株式×株の割合をもって割当交付する。

(増加すべき資本金,資本準備金その他)
第3条　本合併によって増加する甲の資本金は×××円,資本準備金は×××円,利益準備金は×××円,留保利益は×××円とする。

(合併承認総会)
第4条　甲及び乙は,合併期日までに株主総会を招集し,本契約書の承認および合併に必要な事項に関する決議を求める。

(合併期日)
第5条　合併期日は平成●年●月●日とする。ただし,合併手続進行上の必要性その他の事由により,甲乙協議のうえ,これを変更することができる。

(配当起算日)
第6条　甲が第2条により割り当てる株式に対する利益配当金の計算は平成●年●月●日を起算日とする。

(変更及び解除)
第7条　本契約締結の日から合併期日の前日までの間において,甲または乙の経営状態に重大な変動が生じたときは,甲乙協議のうえ合併条件を変更し,または本契約を解除することができる。

(規定外事項)
第8条　本契約書に定めなき事項および解釈上疑義が生じた場合は,甲乙協議のうえ,誠意をもって解決するものとする。

　本契約書締結の証として本書2通を作成し,甲乙記名捺印のうえ各1通を保有する。

平成●年●月●日

(甲) 株式会社 ABC
(乙) 株式会社 XYZ

4 株式交換

(1) 総論

　買収企業は通常，売手企業の株主（オーナー）から株式を買い取るときに現金で支払うが，現金を支払う代わりに自社株を割り当てることによって子会社化するのが株式交換である（新会社法2条31号）。文字どおり，買収される企業の株式を買収する企業の株式と"交換"するのである。

　株式交換による M&A では，買収企業は現金がなくても他社を買収することができるようになり，キャッシュレス買収が可能になる。規模の小さいベンチャー企業であっても，時価総額さえ大きければ「小が大を飲む」買収も不可能ではない。ただし，買収する側（完全親会社）が非上場会社である場合，売手側の株主にしてみれば現金化が難しくあまりメリットを感じないだろう。したがって，非上場会社が株式交換で他の会社を完全子会社化できるのは，株式上場（IPO）が固いケースに限られるだろう。

　株式譲渡との比較で考えると，完全子会社の株主も持株比率は下がるものの，引き続き完全親会社の株主でいられるため，一定の経営参加権（株主権）は確保される。これも株式交換のメリットのひとつである。

第6章 M&A

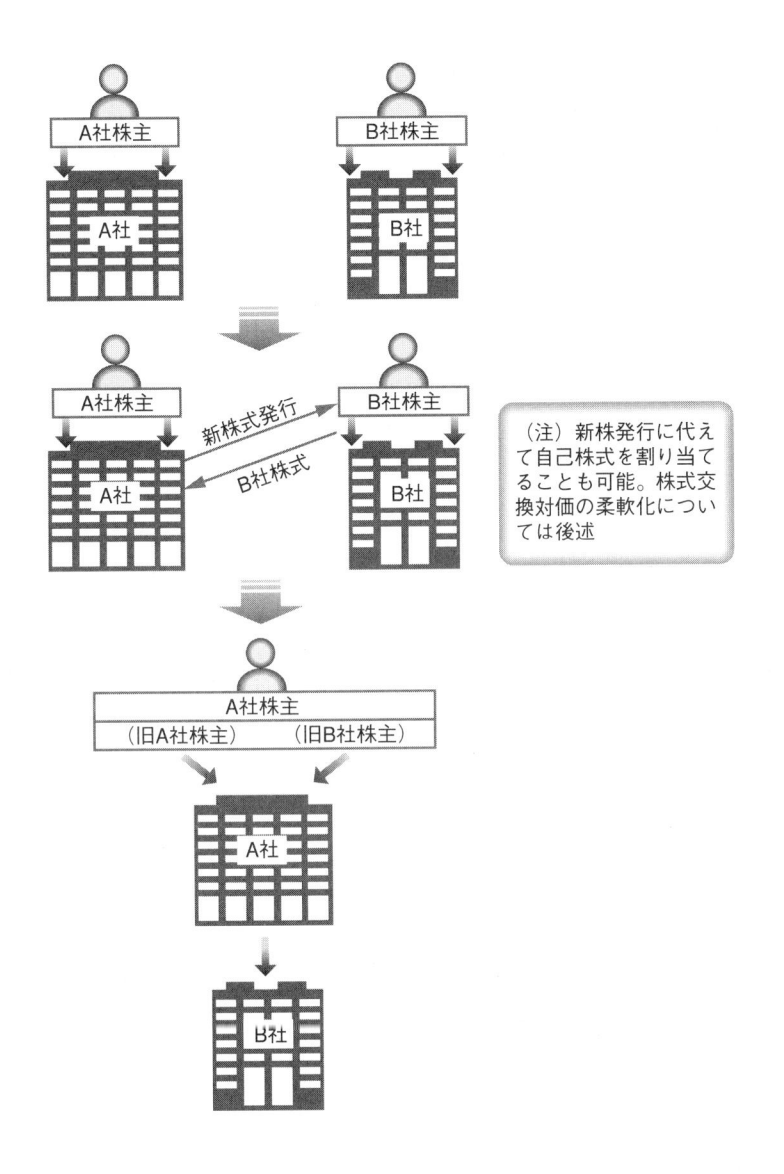

A社株主　　　　B社株主

A社　　　　　B社

↓

A社株主　　　　B社株主

　　　新株式発行　→
A社　←　B社株式　　B社

（注）新株発行に代えて自己株式を割り当てることも可能。株式交換対価の柔軟化については後述

↓

A社株主
（旧A社株主）　（旧B社株主）

A社

B社

(2) 株式交換の手続

　一定の場合を除いて債権者保護手続が不要であるほかは，合併手続とほぼ同様である。吸収合併における消滅会社を完全子会社に，存続会社を完全親会社に置き換えればほぼ同じ手続である。完全親会社における簡易株式交換の要件も合併と同じである。つまり，完全子会社の株主に交付する財産の価額が，完全親会社の純資産の20％以下であれば，完全親会社で株主総会の承認は不要となる。

　また，旧商法では株式交換の際に債権者保護手続は必要とされていなかった。これは株式交換は株主を変更する手続に過ぎず，会社自体は両方ともそのまま存続するので，債権者を害することがないと考えられていたためである。しかし，新会社法では，株式交換の対価として完全親会社の株式以外の財産を交付することが可能となったことから，完全親会社の株式以外の財産を交付する株式交換については完全親会社においては債権者保護手続が必要とされるようになった。

　さらに，旧商法では債務超過を完全子会社とする株式交換は資本充実の原則に反するとして認められていなかったが，完全親会社の株主総会の特別決議を条件として認めることになった。

株式交換契約書（サンプル）

株式交換契約書（例）

　株式会社ABC（以下「甲」という）と，株式会社XYZ（以下「乙」という）は，以下のとおり株式交換契約（以下「本契約」という）を締結する。

（株式交換）
第1条　株式交換により，甲は乙の発行済株式のすべてを取得して乙の完全親会社となり，乙は甲の完全子会社となる。

（株式交換に際する自己株式の割当）
第2条　甲は，株式交換に際して，普通株式××株を発行し，株式交換日の前日の最終の乙の株主名簿に記載された株主に対して，その所有する乙の株式1株につき，甲の株式×株の割合をもって割当交付する。

（増加すべき資本金，資本準備金その他）
第3条　本株式交換によって増加する甲の資本金は×××円，資本準備金は×××円とする。

（株式交換契約承認総会）
第4条　甲及び乙は，株式交換日までに株主総会を招集し，本契約書の承認および株式交換に必要な事項に関する決議を求める。

（株式交換日）
第5条　株式交換日は平成●年●月●日とする。ただし，株式交換手続進行上の必要性その他の事由により，甲乙協議のうえ，これを変更することができる。

（配当起算日）
第6条　甲が第2条により割り当てる株式に対する利益配当金の計算は平成●年●月●日を起算日とする。

（変更及び解除）
第7条　本契約締結の日から株式交換の日の前日までの間において，甲または乙の経営状態に重大な変動が生じたときは，甲乙協議のうえ株式交換条件を変更し，または本契約を解除することができる。

（規定外事項）
第8条　本契約書に定めなき事項および解釈上疑義が生じた場合は，甲乙協議のうえ，誠意をもって解決するものとする。

　本契約書締結の証として本書2通を作成し，甲乙記名捺印のうえ各1通を保

有する。

　　　平成●年●月●日

　　　　　　　　　（甲）株式会社 ABC
　　　　　　　　　（乙）株式会社 XYZ

5　株　式　移　転

(1)　総　論

　株式移転はM&Aの方法と捉えるよりは，共同事業化の方法と捉えた方がよいだろう。ベンチャー企業の場合，ひとつの目標として証券市場への株式上場（IPO）を挙げる経営者が多い。しかし，反面，単独で株式上場（IPO）できる力のある企業の方が少数派であることも事実である。こういった場合に，仮に単独で上場できないとしても，そういった会社が複数集まることによって，連結上のグループ規模を拡大することによって株式上場（IPO）を果たすことも可能になる。

(2)　株式移転による共同事業化

この方法のよいところは以下の点である。
① 事業会社はそのまま残るので統合に伴う手間がさほどかからない
② 合併と違って社長のポスト争いが起こりにくい（持株会社の社長を決める必要はある）
③ 兄弟会社になるので一方が他方の親会社になることがなく，対等の立場が維持できる

第6章 M&A

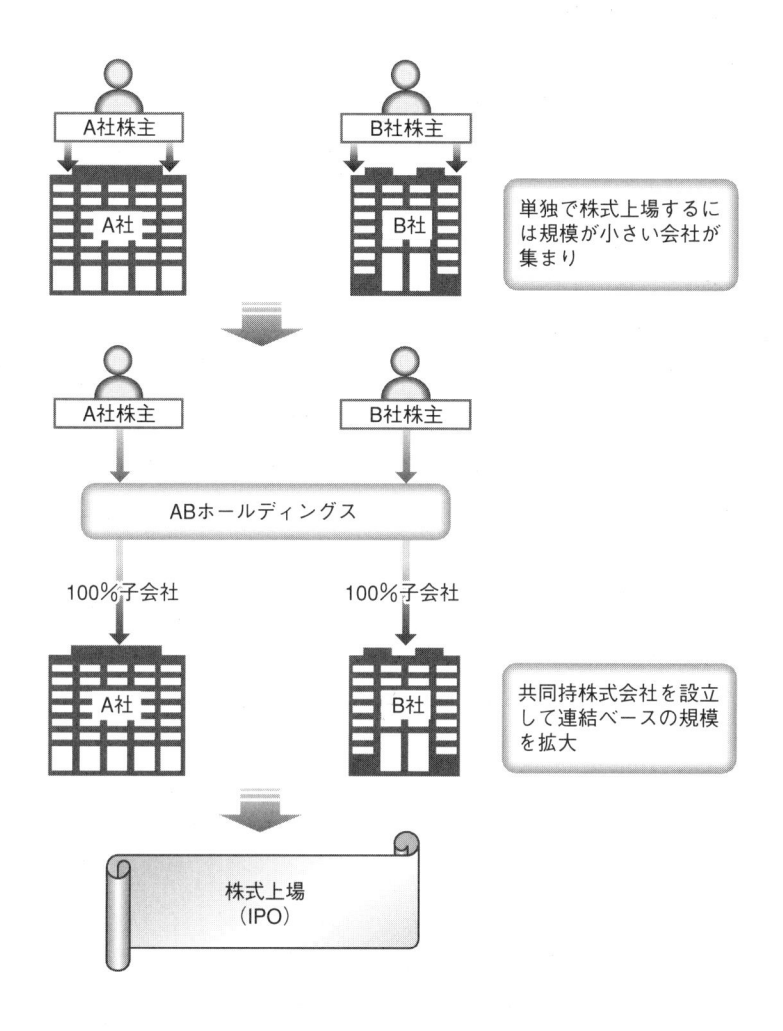

```
A社株主        B社株主
  ↓↓           ↓↓
 [A社]         [B社]        単独で株式上場するに
                            は規模が小さい会社が
                            集まり

         ↓

A社株主        B社株主
  ↓            ↓
   [ABホールディングス]
  100%子会社    100%子会社
 [A社]         [B社]        共同持株会社を設立
                            して連結ベースの規模
                            を拡大

         ↓

    株式上場
    （IPO）
```

6 会社分割

　会社分割は一般的に，肥大化した多角化部門などを整理し，企業規模を適正化する時に用いられる手法である。ただし，後述する吸収分割の手法を用いれば，資金力のない小規模なベンチャー企業が大企業の多角化部門を買収することも可能になる。

　会社分割の手法は部門売買という観点からは事業譲渡に類似し，また，買収資金を現金ではなく新株発行に求める点からは，合併と類似したM&Aの手法であるといえる。

　会社分割の方法は，分割する事業部門を引き継ぐ会社が新設会社か既存会社かによって新設分割と吸収分割とに分類される。また，別の観点からは，事業を引き継ぐ会社の株式を分割する会社に割り当てるか，それとも分割する会社の株主に割り当てるのかによって分社型分割と分割型分割とに分類される。したがって，会社分割は4つの分類があることになる。新会社法において，分割型分割は「分社型分割」+「分割会社による分割会社株主への剰余金の配当」と再構成され（新会社法758条4号，763条6号。なお，758条8号ロ及び763条12号ロ）新設会社または承継会社の株式以外の対価が交付される場合には，財源規制が課されることになった（新会社法792条，812条）。本書では，説明する上でわかりやすいので旧商法と同様に，分社型分割と分割型分割と分類して説明する。

　具体的な会社分割の活用法として考えられるのは，例えば，大企業で業績不振となっている事業部門を分社型吸収分割によって事業をベンチャー企業が引き継ぐことによって，ベンチャー企業にとっては，事業を買収できることのほか，大企業が株主になるという信用補完効果も得られる。まさに一石二鳥である。

第6章 M&A

❖ 会社分割のパターン

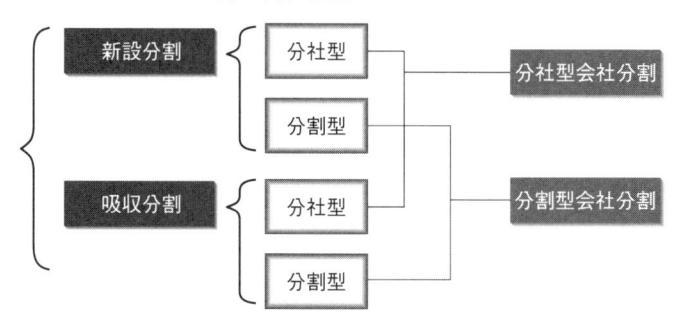

- 新設分割
  - 分社型 ─┐
  - 分割型 ─┼─ 分社型会社分割
- 吸収分割
  - 分社型 ─┤
  - 分割型 ─┴─ 分割型会社分割

❖ 分社型新設分割

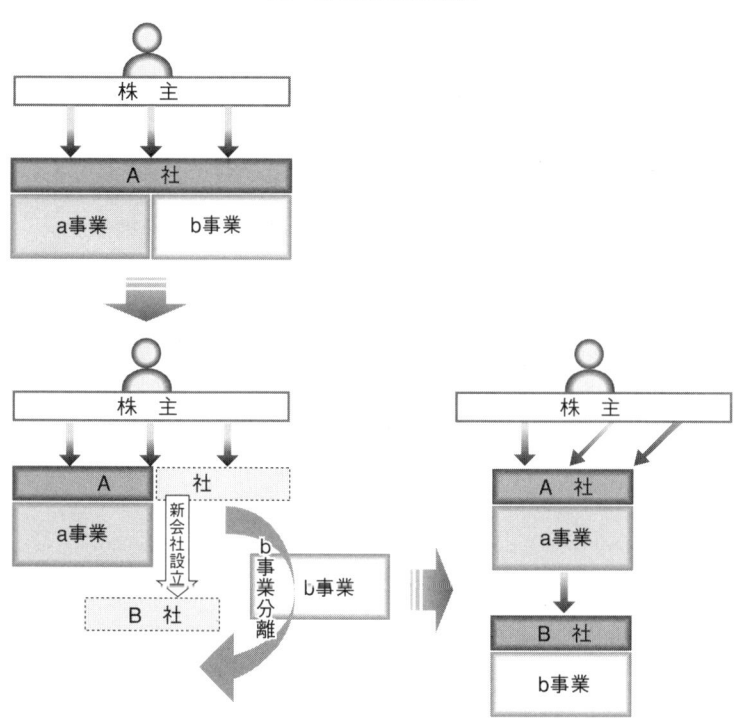

株主 → A社（a事業・b事業）

↓

株主 → A社（a事業）、新会社設立によりB社を設立しb事業を分離（b事業）

⇒

株主 → A社（a事業） → B社（b事業）

❖ 分社型吸収分割

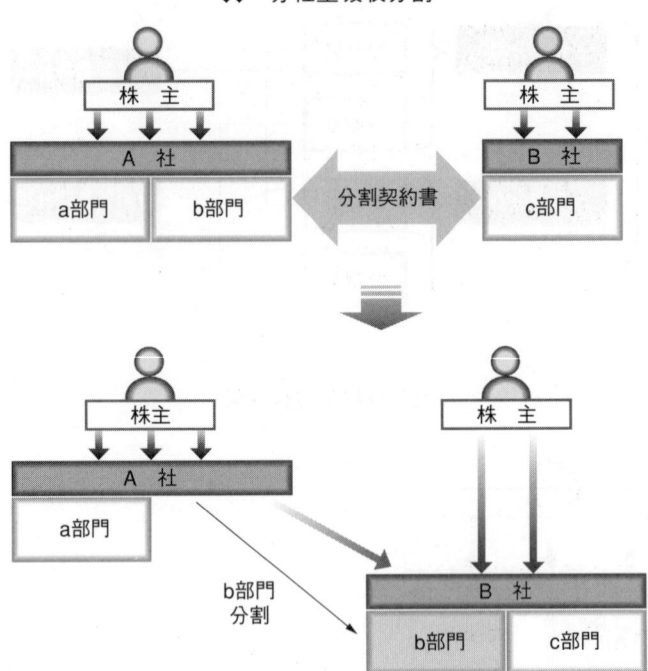

❖ 分割型新設分割

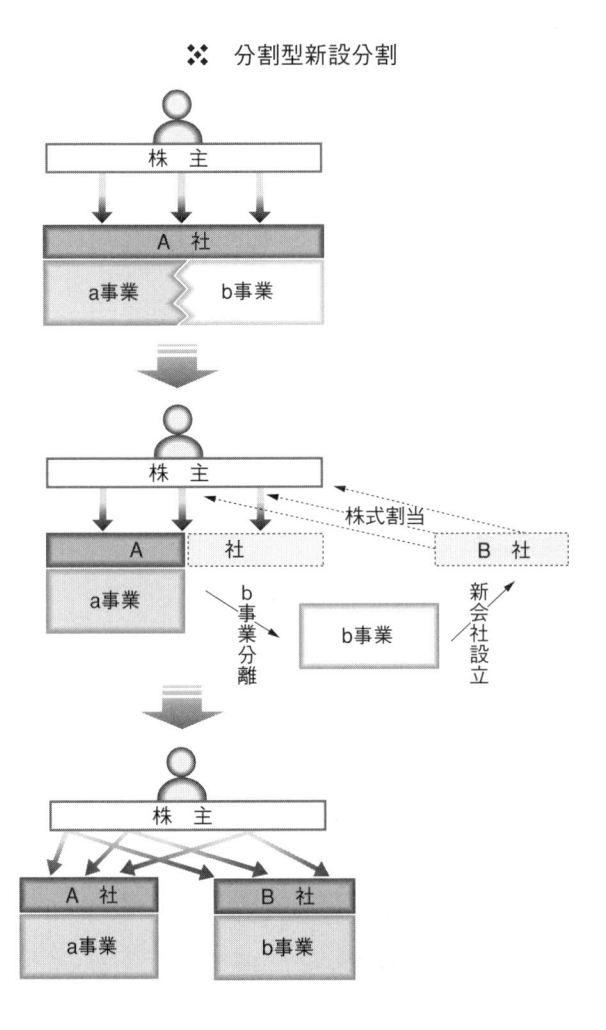

❖ 分割型吸収分割

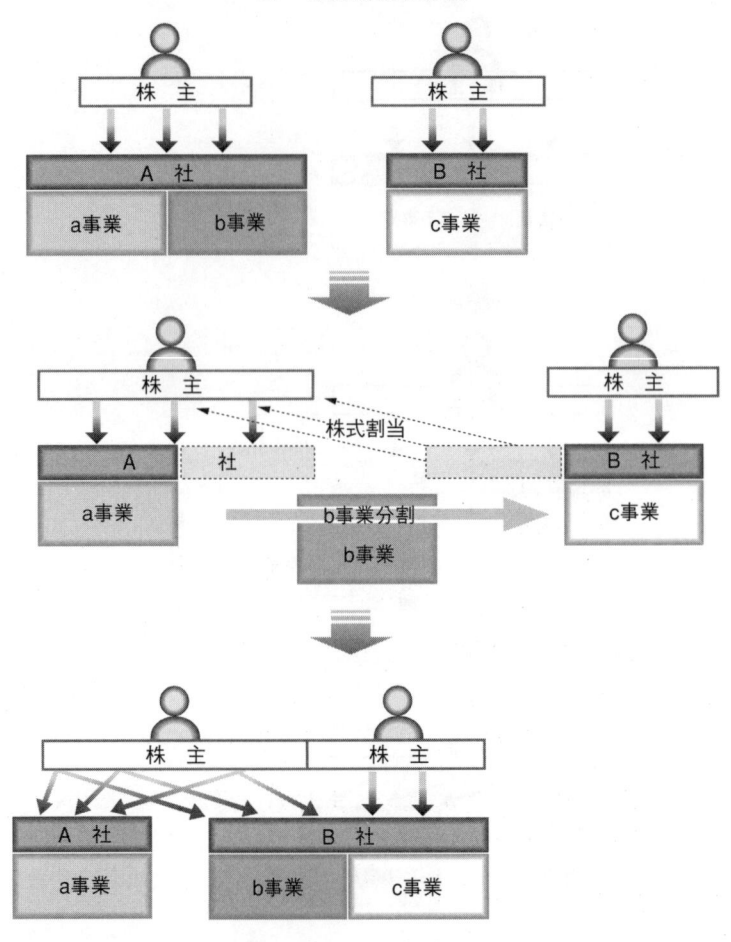

7 合併等対価の柔軟化

(1) 総　論

旧商法では吸収合併や株式交換の際に，消滅会社の株主や完全子会社となる会社の株主に対価として割り当てられるのは，存続会社や完全親会社の株式に限定されていた。しかし，これが拡大され，現金のほか，存続会社等の親会社の株式や，存続会社の社債等，多種多様な資産を交付することができるようになった（新会社法第749条1項2号，768条1項2号）。

(2) 合併等対価

合併等対価を現金で交付される（これを「キャッシュアウトマージャー」という）と，消滅会社等の株主は現金を受け取るだけで，存続会社の株主になることはできない。そのため，現金等を割り当てる合併手法は「締め出し合併（スクイーズアウト）」と呼ばれる。

また，合併等対価を存続会社の親会社株式で支払う合併手法は「三角合併」と呼ばれている。

子会社による親会社株式の取得は原則として禁止されている（新会社法135条）が，この「三角合併」をしやすくするために必要な範囲で取得・保有が認められている（新会社法800条）。

❖ キャッシュアウトマージャー（合併型）

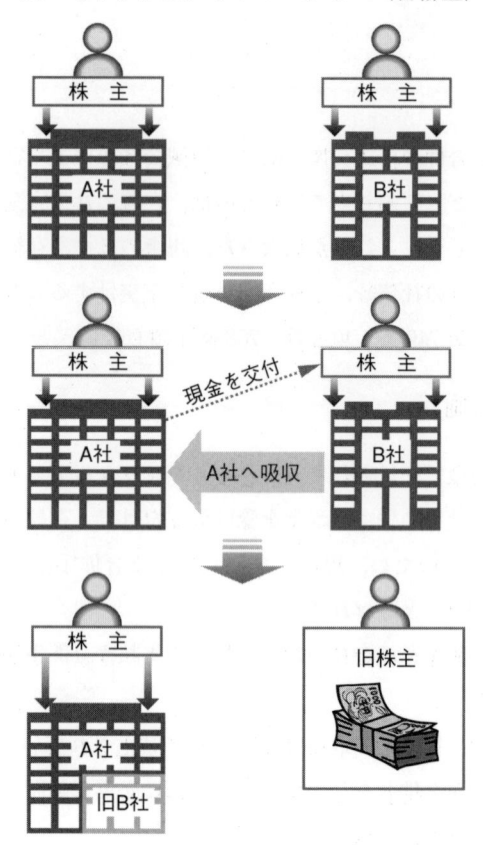

❖ キャッシュアウトマージャー（株式交換型）

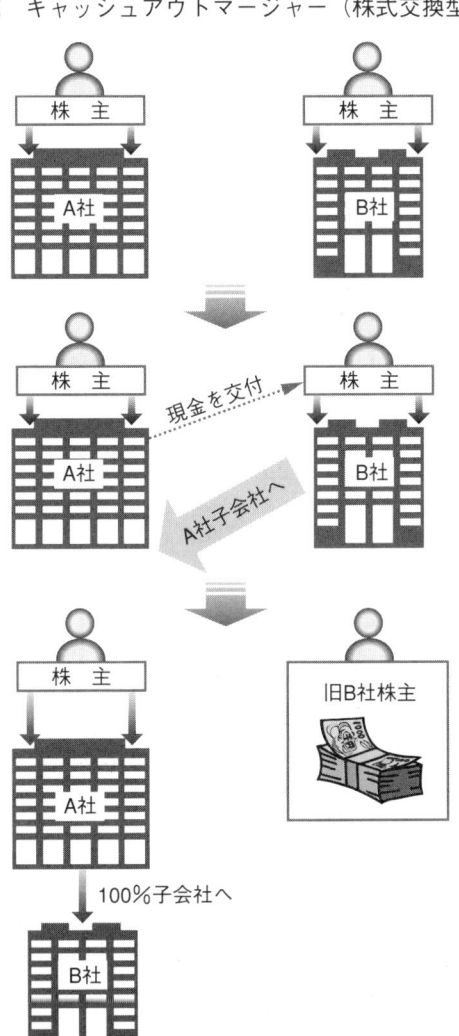

❖ 三角合併

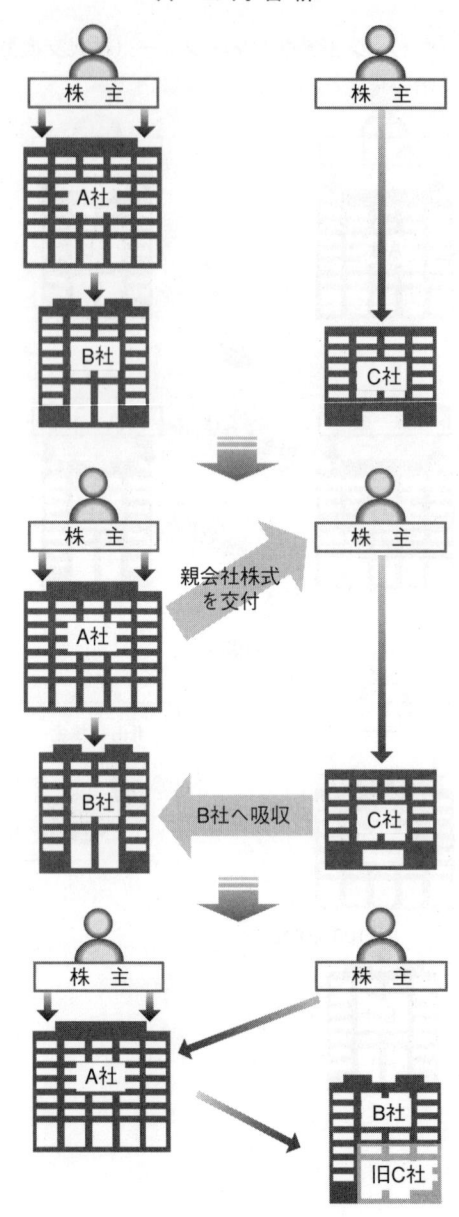

- 株主 → A社 → B社
- 株主 → C社

↓

- 株主 → A社 → B社
- 株主 → C社
- 親会社株式を交付
- B社へ吸収

↓

- 株主 → A社 ← B社・旧C社
- 株主 → 旧C社

(3) 旧商法の合併手続との違い

　旧商法では合併をする際に，消滅会社株主に対価として交付できる財産は存続会社の株式に限られていたと同様に株式交換の場合でも完全子会社の株主に交付できる財産は，完全親会社の株式に限られていた。しかし，その場合，存続会社や完全親会社の株主構成が変わってしまうというデメリットがあった。合併等の対価を現金や親会社株式とすれば，消滅会社の株主を存続会社の株主としなくてもよいので株主構成をそのまま維持できるというメリットがある。また，親会社株式を合併対価とした場合は，親会社の株主構成が変わってしまうが，これも現金を対価とすればよい。

　税制面では，合併の場合，税制上一定の要件を満たした場合については株主には税金が課されず，通常のケースだと税制の要件を満たすように合併条件を決めるので，多くの場合で合併の際に税金がかかる心配はない。しかし，合併対価が現金や親会社株式となれば，今の税制では譲渡したとみなして，あるいは配当を受けたとみなされて課税されてしまうだろう。また，株式交換の場合でもほとんどの場合で非課税扱いとなっているが，これも課税されることになってしまうだろう。合併対価として現金や親会社株式が用いられるようになるためには，税制面でのフォローが必要であろう。

(4) 施 行 時 期

　敵対的買収騒動で外資脅威論が声高に叫ばれるようになり，国会での審議も当初から大きくトーンダウンしてしまった。実際に日本の優良企業も世界的にみれば中堅企業に過ぎず，巨額な時価総額を有する巨大外資の力をもってすれば日本の大企業を傘下に収めることはそう難しくない。これに世論も同調し，結果的に2007年以降に施行されることになった。

　また，税制面でも存続会社等の株式以外の資産（現金，社債，親会社株式など）を割り当てる場合の課税関係はまだ公表されていない。外資系企業が日本の上場企業を買収するケースでは日本の証券取引所に上場していないと，日本

人株主の支持は得にくいことも予想される。こういった制度面全体が機能しないと，利用しにくいだろう。今後の制度の充実が待たれるところである。

8 略式組織再編行為

(1) 総論

新会社法で新たに創設された制度である。ある株式会社（これを「特別支配会社」という）が，議決権の90％以上を有している子会社（これを「被支配会社」という）の完全支配（吸収合併や完全子会社化），事業譲渡を図る際の手続を緩和しようという制度である（新会社法468条1項，784条1項，796条1項）。

簡易組織再編と同様，株式譲渡制限会社において譲渡制限株式が交付されることになる場合は利用できない（新会社法796条1項但書）。

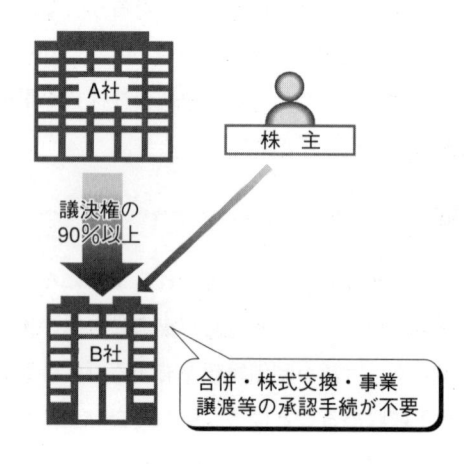

(2) 略式組織再編行為の差止請求

　被支配会社の少数株主または特別支配会社の株主は，略式組織再編行為（事業譲渡は除く）が法令・定款違反または被支配会社の株主に対して交付する金銭等の対価が著しく不当な場合には，略式組織再編行為をやめることを請求できる（新会社法784条2項，796条2項）。

7 上場前にできる敵対的買収防衛策

1　上場前にできる敵対的買収防衛策

(1)　総　論

　昨今の企業法務の話題は敵対的買収防衛策で持ち切りである。平成17年の株主総会でも多様な敵対的買収防衛策の導入が検討された。

　しかしながら，敵対的買収防衛策の必要性を勘違いしてはならない。敵対的買収防衛策は，グリーンメーラーのように株式保有割合を増加させて不当な要求をしてくるような株主に屈しないために導入を検討すべきであって，単に経営陣の保身のためだけに導入してはならないことを肝に銘ずべきである。

　巷で議論されている敵対的買収防衛策は，もっぱらすでに株式上場している会社を対象としているものであって，これから株式上場（IPO）しようとしているベンチャー企業を対象としたものではない。

　本書では，ベンチャー企業の株式上場（IPO）に至るまでの間に関わる新会社法の本であるので，ベンチャー企業が上場前に導入することができる敵対的

買収防衛策について検討を試みたい。

(2)「企業価値向上＝敵対的買収防衛策」は大ウソ

　企業価値を高めることが敵対的買収の防衛策になるとの論調が多いが，それは大きな間違いである。株価の向上が敵対的買収の防衛策になるのである。企業活動の本質は，いかにしてキャッシュを創出するかということに尽きる。したがって，企業価値は，企業がキャッシュを稼ぎ出す力によって決まる。ところが，証券市場における株価が企業価値を適切に反映しているとは限らない。ここに敵対的買収者が付け入るスキがある。つまり，本質的な企業価値を株価が下回っている状態が続けば，いかに企業価値が高い会社であっても敵対的買収の餌食になる。つまり，敵対的買収の防衛策としては，株価が企業価値を正しく反映するようにすることが最善なのである。こうすれば短期的な利益を追求した敵対的買収を防衛することができるのだ。

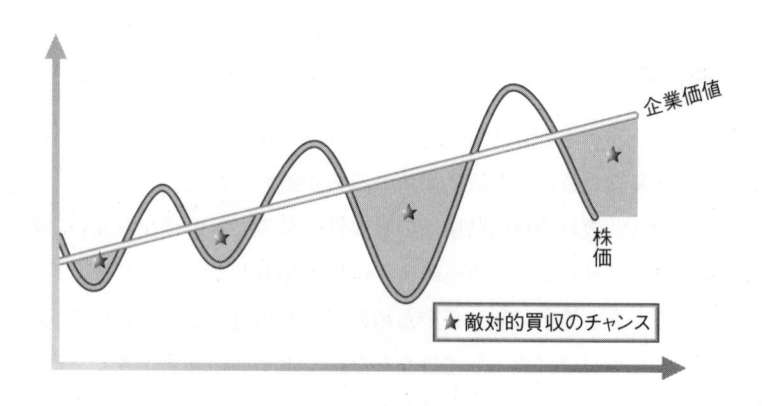

これから株式上場(IPO)しようというベンチャー企業は、上場前の資本政策を組む際に以下の点に留意するべきである。

留意点	理由
無駄に株数を増やさない	一株当たり利益の低下を招くので、上場後の相場形成に負の影響を与える。
ベンチャーキャピタルなど、上場後に株を売り出す投資家の持ち株比率を適正水準に保つ	過剰流動性によって上場後の相場形成に負の影響を与える。
ストックオプションをバラ撒かない	ストックオプションの行使によって上場後の相場形成に負の影響を与える。
安定株主(堅い取引先、勤続年数の長い役職員、長期保有目的の投資家)の持株比率を増やす	上場後の相場形成にプラスの影響。モノいわぬ株主が多いとコーポレートガバナンス上問題があるとして批判されていた時期もあったが、今では安定株主の良さが見直されている。

2 定款変更だけでできる敵対的買収防衛策

(1) 総論

株式上場(IPO)前にあっては、株主数も限定されているため、定款変更のための株主総会特別決議を行いやすい。そのため、定款変更だけで導入できる敵対的買収防衛策は大いに検討に値する。

(2) 取締役解任要件の加重

新会社法で、取締役解任は、累積投票で選任された取締役を除き、普通決議で足りることになった(新会社法341条)。ただし、定款で決議要件を加重することは可能であるから、解任の決議要件を加重しておくということは、株式上場(IPO)した後の敵対的買収防衛策として利用することができる。

(3) 期差選任

　取締役の任期は，2年間であり，すべての取締役が同時期に選任されてしまうと2年後の任期満了も同時期となって，一斉に改選しなければならなくなる。そうなると敵対的買収者が取締役を送り込むスキを作ってしまい，万一，敵対的買収者が過半数の株式を保有してしまうと取締役を送り込み，経営が敵対的買収者の意のままとなってしまう。それを防ぐために，取締役の任期をずらして毎年半数ずつ改選の時期を迎えるようにすれば，敵対的買収防衛策として利用することができる。

　ライブドアのニッポン放送株式を巡る攻防の過程で，ニッポン放送が期差選任を採用していなかったため，ニッポン放送株式を過半数保有したライブドアが平成17年6月の株主総会で取締役を送り込もうとしたことは記憶に新しい。

(4) 員数制限

　株式上場企業は，新会社法上の公開会社であるので，取締役会を設置しなければならない（新会社法327条1項1号）。そのため，3人以上の取締役が必要となる（新会社法331条4項）が，それ以上の制限はない。通常は，定款で取締役の員数制限を規定するが，実際の取締役の員数よりも定款で制限した員数が多ければ，それだけ敵対的買収者が取締役を送り込むスキを作ることになる。定款で，実際に必要な取締役の員数に制限しておけば，敵対的買収防衛策として利用することができる。

3　新株予約権を使ったポイズンピル（ライツプラン）

　最も効果を期待されている敵対的買収防衛策である。具体的には，取得条項付新株予約権を敵対的買収の脅威がないときに発行しておき，敵対的買収者が現れた場合に基準日を設定して，敵対的買収者以外の株主だけが新株予約権を行使できるようにして，結果的に敵対的買収者の議決権比率を低下させる仕組

❖ ライツプランの仕組み

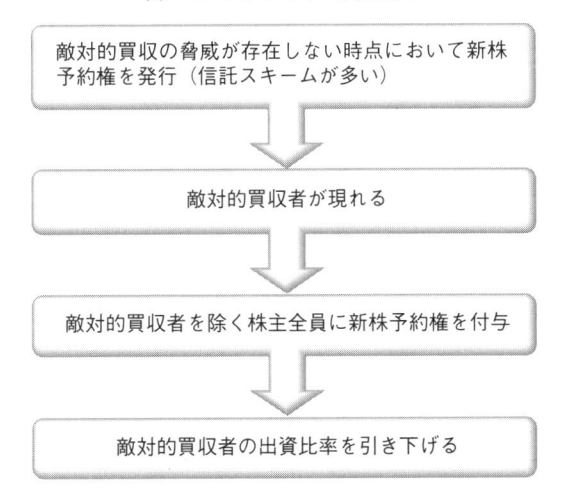

```
┌─────────────────────────────────────────┐
│ 敵対的買収の脅威が存在しない時点において新株 │
│ 予約権を発行（信託スキームが多い）           │
└─────────────────────────────────────────┘
                    ↓
┌─────────────────────────────────────────┐
│           敵対的買収者が現れる              │
└─────────────────────────────────────────┘
                    ↓
┌─────────────────────────────────────────┐
│ 敵対的買収者を除く株主全員に新株予約権を付与 │
└─────────────────────────────────────────┘
                    ↓
┌─────────────────────────────────────────┐
│      敵対的買収者の出資比率を引き下げる      │
└─────────────────────────────────────────┘
```

みである。ただし，敵対的買収者にダメージを与えることが意図ではなく，そういったポイズンピルが存在することによって経営陣との交渉なしには買収ができない状況を作り出し，より有利な買収条件を引き出させるということに意味がある。伝家の宝刀は抜かないからこそ価値があるのだ。

4 株式の内容を利用した敵対的買収防衛策

新会社法で新たに導入された取得条項付株式を利用した防衛策も考えられる。これは普通株式の内容のひとつとして一定の事由が生じた場合に，株式を強制的に取得できる制度である（新会社法107条1項2号）。例えば，敵対的買収者が現れた場合に敵対的買収者の株式のみを強制的に取得する旨を定款で定めておくことによって，企業価値を低下させる買収から身を守ることができるようになる。

普通株式を取得条項付株式とするための手続は，総株主の同意が必要であるため，すでに上場している会社は単純には導入できないが，まだ上場していな

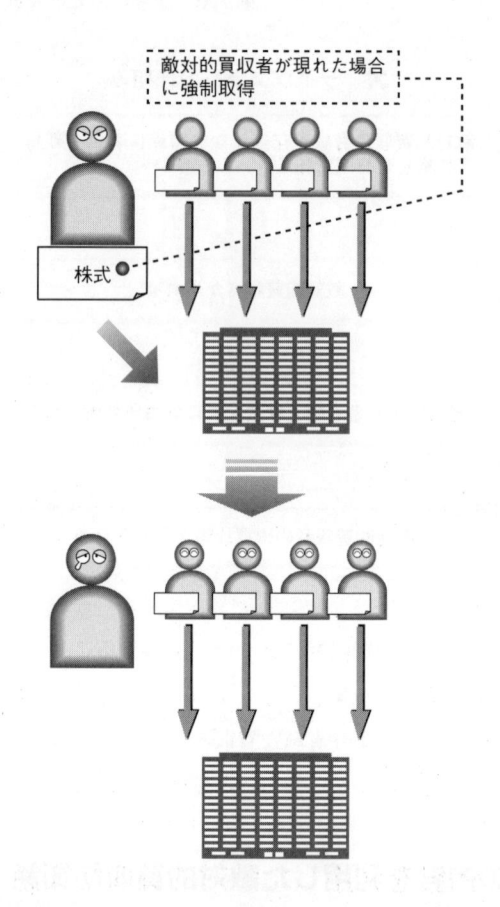

いベンチャー企業で株主がそれほど分散していない会社であれば導入することは不可能ではない。ただし，「第4章株式」（109頁参照）でも説明したとおり，現時点では証券取引所の見解が不明であるため，実際に利用できるかは不明である。

5 従来からあった敵対的買収予防策

　安定株主工作は，従来からあった敵対的買収防衛策のひとつである。企業の相互保有株式の解消等により株主の流動化が進んでいるが，安定株主工作が今

でも最も有効な敵対的買収防衛策であることは間違いないであろう。与党派株主がたくさんいれば，それだけ敵対的買収者の入り込むスキを与えないし，敵対的買収者の提案もことごとく否決に導くことができる。

例えば，オーナーの持株比率を維持したり，従業員持株会の株式保有割合を増やしたり，事業提携先と相互保有をするなどが考えられるが，ベンチャー企業においては，こういった資本政策が敵対的買収防衛策としても重要となってくる。

6 ま と め

(1) 総　論

著者らは，敵対的買収をおそれるのであれば最初から株式上場（IPO）しなければよいと考えている。

上場企業は社会の公器であり，現実は別として，建前としては上場企業の経営者は株主から委任を受けているのであって，いかに自分が大株主であったとしても，少数株主の利益も考えなければならない。つまり，自社を高く買ってくれる会社や，自社の企業価値をさらに高めてくれる会社から買収提案があれば，感情的になって買収提案をやみくもに拒否してはならない。経営者にとっては敵対的であっても，他の株主や従業員，顧客にとっては好ましい買収もあるのだ。

したがって，前述の敵対的買収防衛策は比較的マイルドなものをご紹介させていただいた。

しかし，それでもなお，上場後に好ましくない敵対的買収の危機に晒されることもある。そういったときに，究極的な敵対的買収となるのは，ゴーイングプライベート（株式非公開化）である。

(2) ゴーイングプライベート（株式非公開化）

　会社が株式上場（IPO）を目指すときは，会社が成長段階にあって，資金需要が旺盛な時期でもある。そういった場合には，株式を上場し，証券市場から多額の資金調達をすることが理にかなっている。しかし，ある時点で成長が止まり，資金ニーズがなくなるときが来る場合もある。また，最近では日本でも敵対的買収騒動が頻発するようになってきた。上場直後こそ株価はよかったが，その後業績がよいにもかかわらず株価が低迷したままになってしまうベンチャー企業が多いのも事実だ。さらに，上場していると常に右肩上がりの業績を求められるほか，上場維持費用もかかる。資金調達の必要性がなくなれば，一旦上場したものの，上場廃止をしたいというニーズは今後増加していくだろう。

　そういった場合に，まず受け皿会社を設立し，その会社が多くの株式を取得し，残りをキャッシュアウトマージャーよって買収することでゴーイングプライベート（株式の非公開化）を果たそうという場合にも利用が期待される。

第7章　上場前にできる敵対的買収防衛策

❖　キャッシュアウトマージャーを利用したゴーイングプライベート

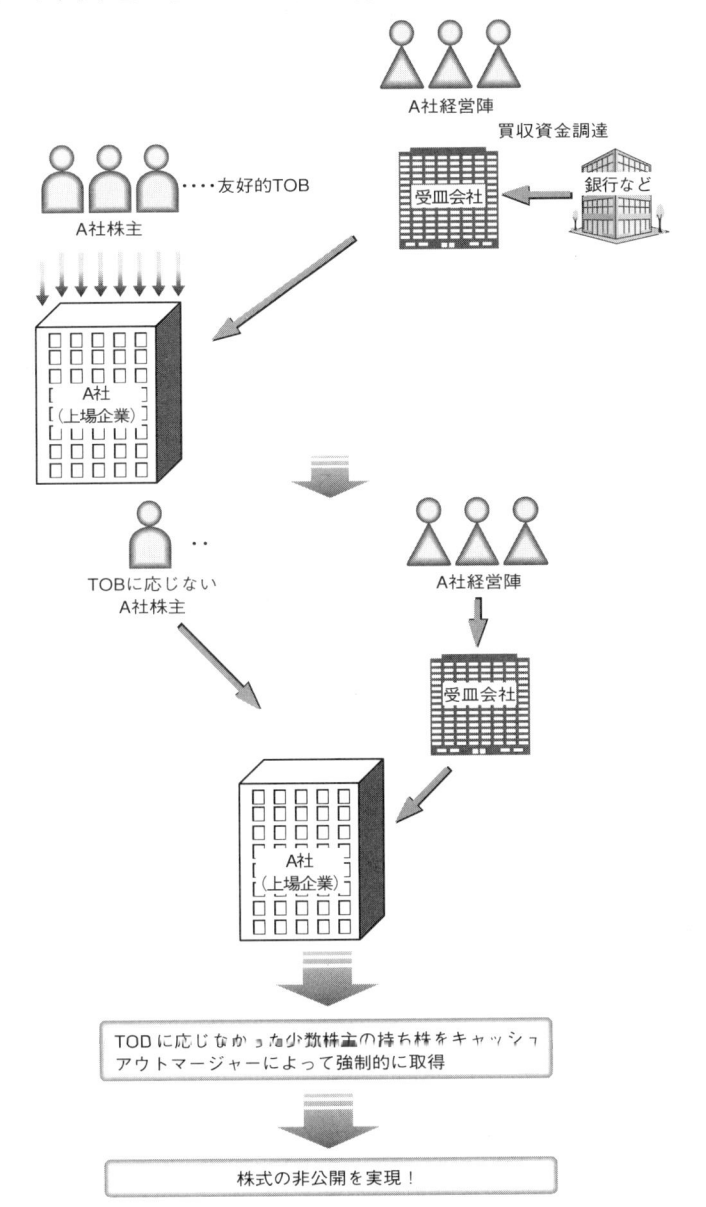

A社経営陣

買収資金調達

受皿会社　←　銀行など

A社株主　‥‥友好的TOB

A社（上場企業）

TOBに応じないA社株主

A社経営陣

受皿会社

A社（上場企業）

TOBに応じなかった少数株主の持ち株をキャッシュアウトマージャーによって強制的に取得

株式の非公開を実現！

8 その他

1 会社の計算

(1) 総論

　会社の計算についても大改正がなされた。変更点としては，①利益処分案を廃止して株主持分変動計算書の作成を義務づけた，②配当，中間配当，自己株式取得，有償減資をひとつにまとめて，剰余金の分配として統一的に財源規制をした，③配当がいつでも何回でもできるようにした，④決算日から株主総会までの期間を自由にした，といったことであろう。

(2) 資本の部の係数変動

　資本の部の変動については大分様変わりした。昔の商法では初期投資ともいえる払込資本である資本金・資本準備金と，その後経営成果によって蓄積した利益剰余金は明確に分離されていた。しかし，M&Aの活発化や会社分割制度の創設，自己株式の取得制度の導入などで払込資本と利益剰余金の区分はだん

だん「液状化」してきた。

(3) 作成すべき計算書類

旧商法では，貸借対照表，損益計算書，営業報告書，利益処分案または損失処理案，附属明細書を作成することとされていた。また，そのうち貸借対照表と損益計算書，利益処分案については株主総会の承認を得なければならなかった（大会社以外の会社。大会社とは資本金5億円以上かまたは負債200億円以上の会社）。新会社法では利益処分案に代えて法務省令で定める書類（株主持分変動計算書。要綱より）の作成が義務づけられたほか，営業報告書の呼び名が事業報告となった。利益処分案という計算書類がなくなるからといって配当の支払が株主総会の承認を得なくてもよいというわけではないので，注意が必要である（一定の要件を満たした大企業は取締役会で配当決議ができる）。

また，大会社の場合には貸借対照表に加え損益計算書も公告の対象とされており（新会社法440条1項），大会社であって証券取引法上の有価証券報告書を提出する会社には，子会社を含めた連結計算書類の作成も義務づけられている（新会社法440条3項）。

旧商法で作成を義務づけられていた計算書類	新会社法で作成を義務づけられる計算書類
貸借対照表	貸借対照表
損益計算書	損益計算書
営業報告書	事業報告
利益処分案または損失処理案	株主持分変動計算書（仮称）
附属明細書	附属明細書

(4) 新会社法による決算スケジュール

旧商法では，定時株主総会を開催するのに大会社では決算日から8週間，中

第8章 その他

会社では7週間以上の期間を空けなければならなかった。しかし，新会社法ではこの制約がなくなった。これによって，監査が早く終了した場合には，株主総会日程を早めることができるようになった。旧商法と新会社法での決算スケジュールを比較すると以下のようになる。

❖ 大会社の決算スケジュール

旧商法における大会社の決算スケジュール	新会社法における大会社の決算スケジュール
決算日	決算日
↓	↓
取締役が会計監査人及び監査役に計算書類を提出	会計監査人及び監査役（または監査委員会）に計算書類等を提出①
↑↓ 3週間以内	↓
取締役が会計監査人及び監査役に附属明細書を提出	監査役及び会計監査人の監査
↑ 4週間以内	↓
会計監査人が監査報告書を取締役及び監査役会に提出	事業報告，計算書類，附属明細書，連結計算書類を取締役会が承認
↑↓ 1週間以内	期間の定めなし
監査役が監査報告書を取締役に提出し，その謄本を会計監査人に提出	定時株主総会の招集通知を発送
8週間前まで	↑ 2週間前まで
定時株主総会の招集通知を発送	定時株主総会（計算書類に間違いがなければ承認不要）
↑ 2週間前まで	
定時株主総会	株主総会を早めることが可能に！

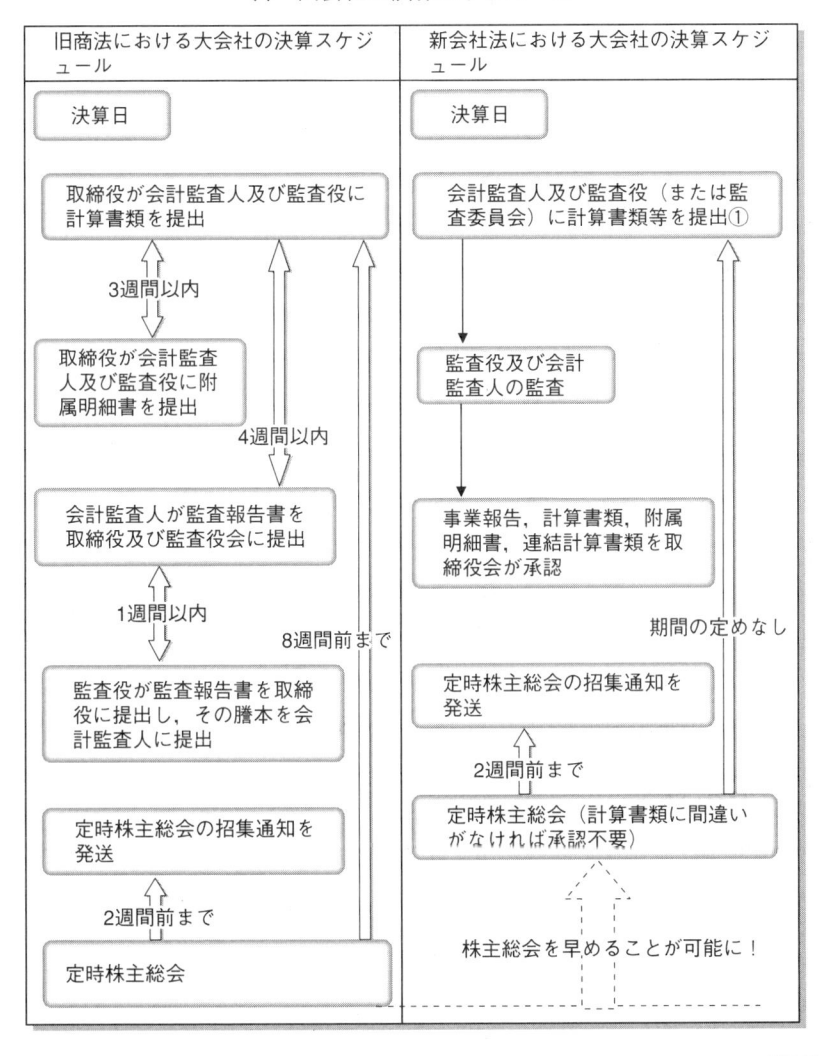

191

①：監査役に提出する書類……事業報告，計算書類，附属明細書，連結計算書類。
会計監査人に提出する書類……計算書類，附属明細書，連結計算書類。また，株式を上場していない企業では連結計算書類の作成は任意とされている（新会社法444条）。

❖ 中会社の決算スケジュール

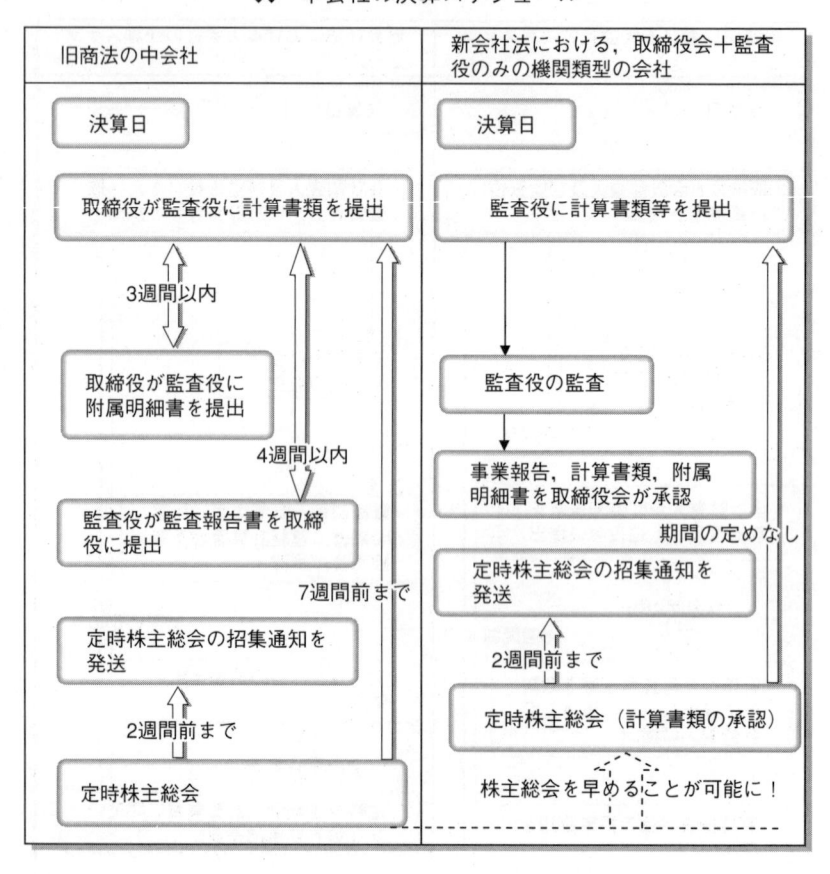

旧商法の中会社	新会社法における，取締役会＋監査役のみの機関類型の会社
決算日	決算日
取締役が監査役に計算書類を提出	監査役に計算書類等を提出
↕ 3週間以内	↓
取締役が監査役に附属明細書を提出	監査役の監査
↓ 4週間以内	↓
監査役が監査報告書を取締役に提出	事業報告，計算書類，附属明細書を取締役会が承認
↑ 7週間前まで	期間の定めなし
定時株主総会の招集通知を発送	定時株主総会の招集通知を発送
↑ 2週間前まで	↑ 2週間前まで
定時株主総会	定時株主総会（計算書類の承認）

株主総会を早めることが可能に！

2 剰余金の分配

(1) 総　論

　期末配当，中間配当，自己株式の買入などの株主還元策が旧商法では別個の手続として規定されていた。新会社法ではそれらを統合し，「剰余金の分配手続」として規定している（新会社法 461 条）。配当であれ，自己株取得であれ，会社財産を払い戻していることには変わりないからである。このため，分配財源についても統一的に財源規制を課している。

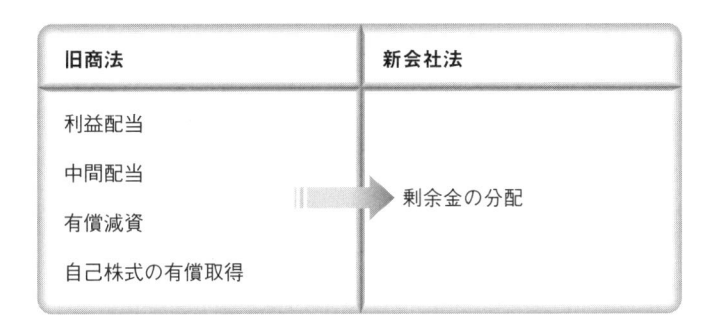

旧商法	新会社法
利益配当 中間配当 有償減資 自己株式の有償取得	剰余金の分配

　ただし，単元未満株の買取請求や合併等に反対する株主からの買取請求によって不可避的に買取を行う場合については財源規制の対象外とされている。

(2) 分配（配当）回数の制限撤廃

　旧商法では配当の回数は期末配当と中間配当の年間 2 回に限定されていた。しかし，新会社法ではこれが撤廃され（新会社法 453 条，454 条），いつでも，かつ，何回でも株主総会決議によって，配当を行うことができるようになった。これによって，四半期配当をすることや，任意の時に配当することができるようになる。なお，四半期配当をする際に四半期決算（新会社法では臨時決算と呼ばれる）をして，所定の承認手続を経ることによって，四半期利益を配当原

資として加算することができる。なお，臨時決算は新会社法で新たに定められた制度である（新会社法441条）。

また，会社の純資産額（剰余金の額ではない）が300万円未満の場合には配当をすることができない（新会社法458条）。

(3) 配当財産の制限撤廃

旧商法では配当財産は現金に限定されていた。しかし，新会社法では現金以外の資産も配当財産として認めている（新会社法309条2項10号）。これによって，例えば子会社株式を配当として株主に割り当てるなどの方法ができるようになる（「スピンオフ」と呼ばれる組織再編方法のひとつ）。多額の資金調達をしたものの，会社全体としては上場の目処がたたなくなったベンチャー企業から優良部分だけを子会社として別会社化し，それを株主に配当してその会

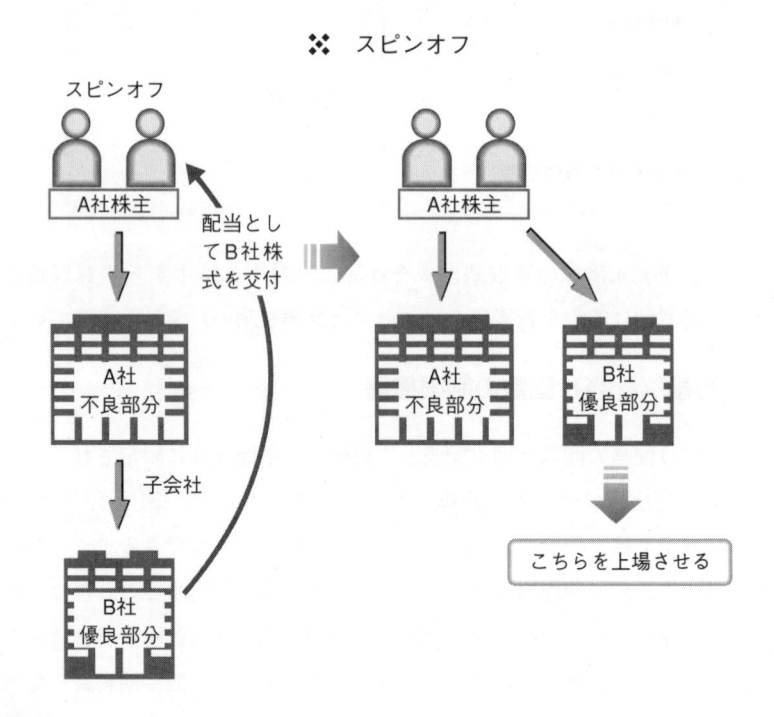

❖ スピンオフ

社を再スタートさせることができる。ただし，このスキーム（手法）も現行の税制上は配当課税を受けることになるだろう。

なお，現物配当をする場合は，株主に金銭分配請求権を与えることもできるほか，一定の持ち株数以下の株主には現物配当をせずに金銭配当のみをすることもできる。もちろん，後者の場合，現物配当を受けられない株主に対して同等額の金銭を配当しなければならない。

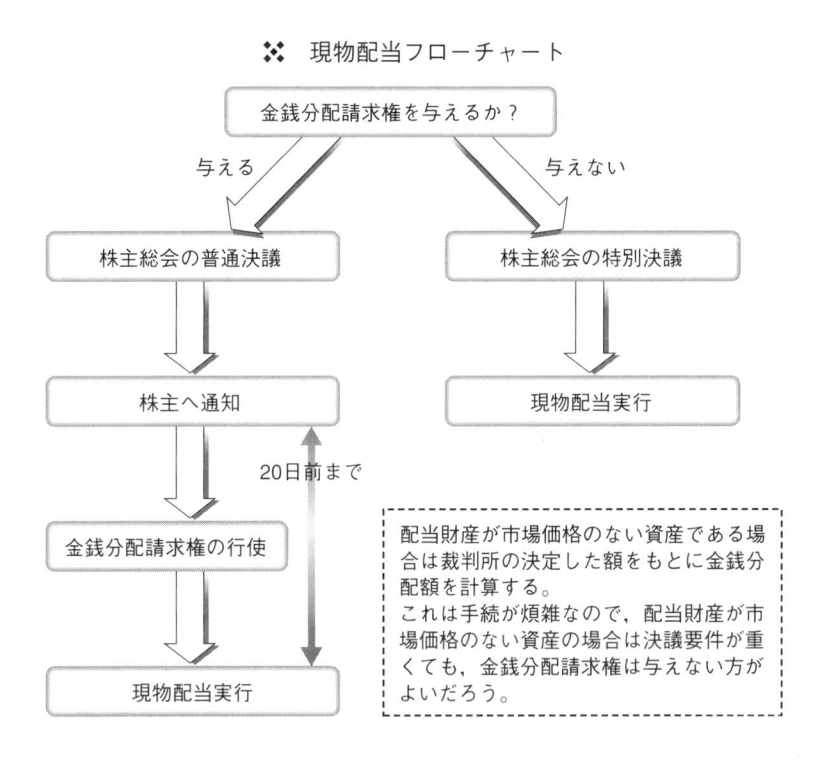

❖ 現物配当フローチャート

```
            金銭分配請求権を与えるか？
           与える /        \ 与えない
   株主総会の普通決議        株主総会の特別決議
           ↓                    ↓
      株主へ通知              現物配当実行
           ↓   ┐ 20日前まで
   金銭分配請求権の行使  │
           ↓         │
      現物配当実行    ┘
```

配当財産が市場価格のない資産である場合は裁判所の決定した額をもとに金銭分配額を計算する。
これは手続が煩雑なので，配当財産が市場価格のない資産の場合は決議要件が重くても，金銭分配請求権は与えない方がよいだろう。

❖ 持ち株数による配当財産の区別

株主名	住所	所有株式数
創業　太郎	●●県●●市…	500,000
従業員持株会		30,000
××事業投資		15,000
従業　花子		100
合計		700,000

（上位3名）この株主だけに現物配当をし、これ以下の持株数の株主には現金配当をする

(4) 決定機関

剰余金の配当は株主総会で決定される。ただし，会計監査人設置会社で取締役の任期が1年である会社または，会計監査人設置会社で監査役会を設置している会社で，取締役会決議で剰余金の分配をすることを定款で定めている会社は取締役会で決定することができる。取締役会決議で配当決議ができる会社の機関設計は，①取締役会＋監査役会＋会計監査人，②取締役会＋三委員会＋会計監査人，③取締役会（ただし，定款で取締役の任期を1年としている会社に限る）＋監査役＋会計監査人のいずれかである。

分配の内容	一定の要件を満たした会計監査人設置会社	それ以外
年度配当	取締役会決議	株主総会の普通決議
中間配当	取締役会決議	取締役会決議
四半期配当	取締役会決議	株主総会の普通決議
現物配当（金銭分配請求権あり）	取締役会決議	株主総会の普通決議
現物配当（金銭分配請求権なし）	株主総会の特別決議	株主総会の特別決議

また，取締役会設置会社は一事業年度に1回に限っては取締役会決議のみで配当をすることができる（新会社法454条5項）。これは旧商法の中間配当と同様の配慮をしたためと思われる。

さらに，現物配当を行う場合で金銭分配請求権を与えないときは，普通決議ではなく特別決議によって承認しなければならない。

(5) 剰余金の定義

旧商法と会社法では剰余金の定義の仕方が変わった。ただし，本質的なところでは旧商法と新会社法で変わりはない。

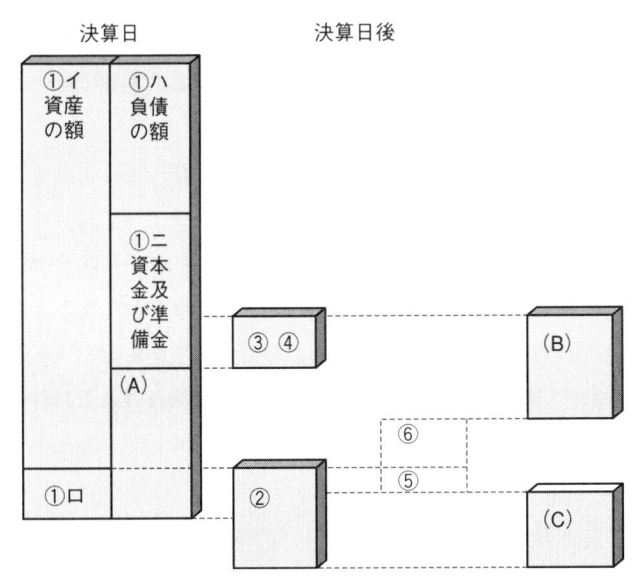

①ロ：自己株式の帳簿価額
②：自己株式の処分額
③：資本金の減少額
④：準備金の減少額
⑤：消却した自己株式の帳簿価額
⑥：配当額

剰余金の額は，前頁の図の（A）に決算日後の減資額（準備金の減少額を含む）と自己株式の処分差額を加算した上で自己株式の消却額と配当額の合計を控除した金額として定義されている。言い換えれば，図のうちの（B）＋（C）の金額となる。

3 日本版LLC（合同会社）と日本版LLP（有限責任事業組合）

(1) 総論

旧商法では，共同パートナーと起業する場合，株式会社を設立するのが通常であるが，株式会社制度では，出資金額の多寡に応じた利益分配しか行うことしかできない。

新会社法では，株式会社と同様，出資者が有限責任であることを前提にして，貢献度に応じて利益分配を自由に設定してインセンティブを付与する合同会社（日本版LLC＝Limited Liability Company）制度を設けた（新会社法576条4項）。これは，現行法では存在しない有限責任社員のみからなる人的会社で，合名会社の社員の責任を有限責任としたようなものである。パススルー課税の適用がないため，実際に合同会社が利用される例は少ないと思われる。

他方，有限責任事業組合（日本版LLP＝Limited Liability Partnership）自体は新会社法に規定されているわけではない。有限責任事業組合契約に関する法律（平成17年8月1日施行）で定められた事業形態である。有限責任事業組合（以下「LLP」という）は，「会社」ではなく，あくまで「組合」であり，その特色は①パススルー課税，②損益配分の柔軟化である。この特色を有効に活用すれば，ベンチャー企業の経営に大きなメリットをもたらす。

(2) パススルー課税

パススルー課税とは，LLPには課税せず，組合の出資者に直接課税するとい

うことである。株式会社や合同会社であれば、会社の利益に対して出資者（株主）が課税されることはない。これに対してLLPでは出資者に課税される。

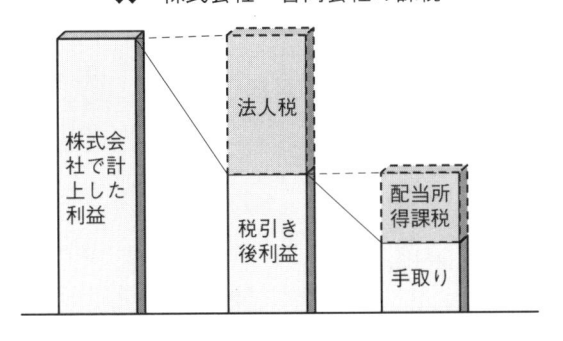

❖ 株式会社・合同会社の課税

❖ LLPの課税

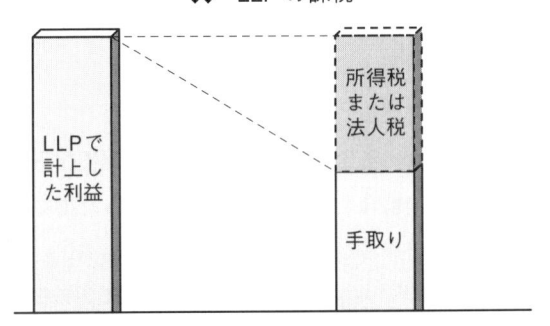

出資者が個人の場合は事業所得等（最高税率50％），
出資者が法人の場合は法人税（実効税率約40％）

　パススルー課税のよさが認知されているLLPであるが、出資者課税（構成員課税）制度が採られていることによって、事業立ち上げ当初は損失が見込まれる事業でのLLPの利用におけるメリットもある。つまり、LLPで損失が発生した場合に出資額を上限として本業の利益と相殺できるのだ。こういったメリットがあれば、大企業がリスクの高い事業に投資しやすくなる。これを具体的な数値例で考えてみよう。

❖ パススルー課税

(株式会社の課税)	(LLPの課税)
(親会社の損益)	(親会社の損益)
100百万円（税引前利益）	100百万円（親会社の事業損益）
40百万円（税金）	△50百万円（LLPの損失）◀┈┐
60百万円（税引後利益）	50百万円（税引前利益）　　│
	20百万円（税金）　　　　　│
	30百万円（税引後利益）　　│
(子会社の損益)	(LLPの損益)　　　　　　　　　│
△50百万円（税引前利益）	△50百万円（税引前利益）┈┘
0百万円（税金）	
△50百万円（税引後利益）	
(税金の合計額)	(税金の合計額)
40百万円	20百万円

(3) 損益配分の柔軟化

株式会社の場合は，出資比率に応じて利益配分がされる。しかし，LLPの場合には契約で定めておけば出資比率に応じない柔軟な損益配分が可能となる。つまり，損益のうちの一定割合を優先的に配分し，残った損益を出資比率に応じて配分するなどの方法が採れる。

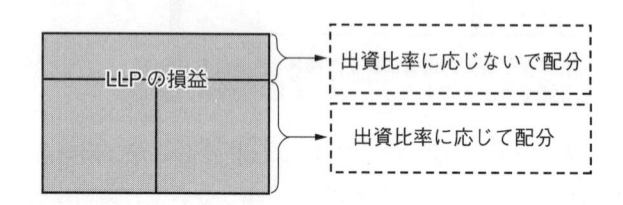

LLPの損益 → 出資比率に応じないで配分
　　　　　 → 出資比率に応じて配分

(4) 具体的な利用法

① ジョイントベンチャーとしての利用法

従来は，他社と合弁会社を設立することが多かったが，LLPを活用することで，①パススルー課税，②損益配分の柔軟性のメリットをフルに享受すること

ができるようになる。従来は損益配分が柔軟ではなく，資力は乏しいが技術力のあるベンチャー企業と，資金力のある大企業が共同事業を行う際には大企業に主導権を握られることが多かったが，技術提供に対する配分を厚くすることによってベンチャー企業側にも一定の発言権が確保されるようになる。また，株式会社形態のジョイントベンチャーの場合は，100％出資ではないため，連結納税制度を選択しても本体の損益と相殺することができないが，LLPの場合はLLP損益のうちの出資割合相当額がパススルー課税の対象となるため，LLPを使うと他社とのジョイントベンチャーが税制面でやりやすくなるといった効果もある。

② リスクの高い事業での利用法

新事業を開始する場合，開業当初は赤字が続くことが多い。ましてやバイオベンチャーなどのハイテク企業では，研究開発投資が先行するものの利益計上の見通しは最初の段階では明確でない。従来は既存事業で利益を上げている大企業が，ベンチャー企業に資本参加してもパススルー課税が選択できなかったため，投資額を経費計上することができなかった。しかし，LLPへの出資であれば損失額のうち出資割合分は本体への損益通算ができるため，実質的な所得控除効果が得られる。このほか，映画やコンテンツ事業など，初期投資が回収できるかどうかが投資している時点では判断が難しい事業などで共同事業化をする時に利用することも考えられる。

ただし，経費算入限度額は投資額までとなっている。

著者紹介

大村　健（おおむら　たけし）
弁護士

　1974年生まれ。96年司法試験合格。97年中央大学法学部卒業。99年弁護士登録。02年独立行政法人雇用・能力開発機構　職業能力開発総合大学校　起業・新分野展開支援センター　起業等支援コンサルタント、04年財団法人横浜産業振興公社　横浜ビジネスエキスパート、05年財団法人木原記念横浜生命科学振興財団　バイオアドバイザー各就任。04年弁護士法人かすが総合社員弁護士就任。05年第二東京弁護士会倒産法制検討委員会委員就任。第二東京弁護士会会社法研究会所属。日本知財学会・法とコンピュータ学会・エンターテインメントローヤーズネットワーク所属。

　　取扱分野：会社法を中心とした企業法務、ベンチャー企業の法的支援業務、M&A、
　　　　　　　企業再編・再生、知的財産権等。
　　主な著書：『親子会社の設立・運営・管理の法務』（第一法規〔共著〕）、『平成商法改
　　　　　　　正ハンドブック（平成13〜15年版）』（三省堂〔共著〕）等
　　連絡先：弁護士法人かすが総合
　　〒104-0061　東京都中央区銀座6-2-1　ダヴィンチ銀座4階
　　TEL　03-3571-4701　　FAX　03-3571-4702
　　URL　http://www.kasuga-lpc.gr.jp
　　E-mail　info@kasuga-lpc.gr.jp

荒井　邦彦（あらい　くにひこ）
公認会計士／税理士

　1970年生まれ。92年公認会計士2次試験合格。93年太田昭和監査法人（現新日本監査法人）入社。94年一橋大学商学部卒業。96年公認会計士開業登録。証券取引法・商法に基づく法定監査、株式公開のコンサルティング、M&A・金融機関の債権売却のデューディリジェンスなどを経験。99年にM&A仲介・助言専門会社、株式会社ストライクを設立し、代表取締役に就任。その後も複数の上場企業の社外役員を務めるなど、ベンチャー企業・中小企業の経営を支援している。

　　取扱分野：M&A仲介・助言、企業再編・再生、ベンチャー企業の上場支援業務等。
　　主な著書：『創業者のかしこい選択　M&A』（イカロス出版）
　　連絡先：株式会社ストライク
　　〒102-0075　東京都千代田区三番町14　MLC三番町ビル3階
　　TEL　03-3511-7799　　FAX　03-5214-3806
　　URL　http://www.strike.co.jp
　　E-mail　info@strike.co.jp

著者との契約により検印省略

平成17年11月1日 初版第1刷発行

ベンチャー企業のための
使える会社法

著者名	大　村　　　　健
	荒　井　邦　彦
発行者	大　坪　嘉　春
整版所	美研プリンティング株式会社
印刷所	税経印刷株式会社
製本所	株式会社　三森製本所

発行所　東京都新宿区　　　　株式会社　税務経理協会
　　　　下落合2丁目5番13号

郵便番号 161-0033　振替 00190-2-187408　電話(03)3953-3301(編集代表)
　　　　　　　　　 FAX(03)3565-3391　　　　(03)3953-3325(営業代表)
　　　　　　　　 URL http://www.zeikei.co.jp/
　　　　　　　　 乱丁・落丁の場合はお取替えいたします。

© 大村　健・荒井邦彦 2005　　　　　　　　　　Printed in Japan

本書の内容の一部又は全部を無断で複写複製（コピー）することは，法律で認められた場合を除き，著者及び出版社の権利侵害となりますので，コピーの必要がある場合は，予め当社あてに許諾を求めて下さい。

ISBN 4-419-04644-9　C2032